LEÇONS

DE DROIT

DE LA NATURE.

SECONDE PARTIE.

De l'Imprimerie de COUTURIER, à Paris.

LEÇONS

DE DROIT

DE LA NATURE

ET DES GENS,

Par M. le Professeur DE FELICE.

Quid deceat, quid non : quò virtus, quò ferat error. HORAT.

DROIT DE LA NATURE.

SECONDE PARTIE.

TOME PREMIER.

RDON, & *se vend,*

A LYON,

Chez LES PRINCIPAUX LIBRAIRES.

M. DCCC. XVII.

LEÇONS

DE
DROIT DE LA NATURE
ET DES GENS.

SUITE DU DROIT
DE LA NATURE.

LEÇON XXII.

Les promeſſes, les conventions : Fidélité à tenir ſa parole : Troiſieme Loi de la ſociabilité.

OUS avons traité juſqu'à préſent des devoirs abſolus & généraux que les hommes ſe doivent les uns aux autres ; paſſons maintenant aux devoirs particuliers & conditionnels, qui ſuppoſent quelque fait ou

Tome I. Part. II.   A

quelque établissement humain. Entre tous les établissemens humains, celui qui se présente le premier, & dont l'usage est d'une plus grande étendue, ce sont les promesses & les conventions. Le terme de *convention* comprend toutes sortes de promesses, de contrats, de traités, de pactes de toute nature.

Une convention est un accord ou un consentement de deux ou de plusieurs personnes, par lequel elles s'engagent à faire quelque chose l'une pour l'autre. L'usage des conventions est une suite de l'ordre de la société. C'est le moyen le plus propre pour se communiquer réciproquement les différens secours qui nous sont nécessaires. Il est vrai que la loi de la bénéficence engage les hommes à se rendre dans le besoin des services mutuels ; mais, outre que tout le monde n'a pas le cœur assez bien fait pour faire du bien par principe de générosité, il arrive souvent qu'on n'est pas en état de donner sans intérêts ; & les conventions pourvoient à ces inconvéniens. D'ailleurs, ce en quoi les autres peuvent nous accommoder, est souvent de telle nature, qu'on n'oseroit l'exiger d'eux en pur don. Quelquefois aussi le caractere, ou la condition d'une personne, ne lui permettent pas d'avoir obligation à d'autres pour les

chofes dont elle a befoin de leur part ;
outre que fouvent ils ne favent pas même
en quoi ils peuvent nous être utiles.

L'ufage donc des conventions étoit néceffaire à plufieurs égards. 1°. Pour produire de nouvelles obligations entre les
hommes. 2°. Pour rendre parfaites des
obligations qui n'étoient qu'imparfaites.
3°. Pour éteindre des obligations où l'on
étoit entré, comme quand un créancier
déclare qu'il tient quitte fon débiteur. 4°.
Enfin, pour remettre en force & en
vigueur des obligations interrompues, ou
même entiérement éteintes. Cela fe voit
dans les traités de paix par lefquels une
guerre eft terminée.

Afin que les conventions produifent les
avantages dont nous venons de parler, il
eft abfolument néceffaire que les hommes
foient fidelles à leurs engagemens. C'eft
donc une loi du Droit Naturel, que chacun
tienne inviolablement fa parole, ou qu'il
effectue ce à quoi il s'eft engagé. La néceffité & la juftice de cette loi font ma-
nifeftes. Anéantiffez la fidélité dans les
conventions, & il n'y aura plus ce commerce de fervices, fur lequel roule la
vie humaine, toute confiance s'évanouira,
& l'on fera forcé d'avoir recours à la
violence pour fe faire rendre juftice. L'é-
galité naturelle, & l'obligation de ne

faire du mal à perfonne, prouvent encore la néceffité de ce devoir. Enfin, la pratique en eft d'une néceffité fi preffante pour le bonheur des hommes, que l'obligation qui en réfulte eft une obligation parfaite & rigoureufe; en forte que l'on peut employer la contrainte, ou l'autorité d'un fupérieur commun, pour en obtenir l'exécution.

On peut faire plufieurs divifions des conventions. Car 1°. elles font ou obligatoires d'un feul côté, ou obligatoires de deux côtés. Les premieres (*Pacta unilateralia*) font celles par lefquelles une perfonne s'engage à quelque chofe envers une autre, fans que celle-ci s'engage elle-même : telles font les promeffes gratuites. Les fecondes, (*Pacta bilateralia*) font au contraire celles par lefquelles deux ou plufieurs perfonnes s'engagent réciproquement à faire quelque chofe les uns pour les autres. 2°. Il y a des conventions réelles & des conventions perfonnelles. Les conventions réelles font celles qui paffent aux héritiers des contractans. Les conventions perfonnelles font au contraire celles qui n'obligent que les perfonnes mêmes qui les ont faites. 3°. Enfin, il y a des conventions tacites, comme nous l'expliquerons dans la fuite.

A l'égard des promeffes, il faut remarquer qu'elles n'ont pas toutes la même force. Quelquefois nous ne les faisons que dans la vue de témoigner à quelqu'un notre amitié & notre bienveillance ; & alors l'engagement où l'on entre, n'est pas un engagement parfait & rigoureux : il suffit que nous parlions sincérement ; & celui à qui nous les faisons n'acquiert pas pour cela un droit parfait & rigoureux ; c'est pourquoi ces promesses sont appellées *imparfaites*. Mais si notre intention va plus loin, & que nous nous exprimions de maniere à donner un véritable droit à celui à qui nous promettons ; alors la promesse devient parfaite, nous oblige à toute rigueur, & a le même effet que l'aliénation, ou le transport de propriété. Car elle est un acheminement ou à l'aliénation de quelque partie de nos biens, on à une espece d'aliénation de quelque partie de notre liberté. La premiere renferme les *promesses de donner*, l'autre celles *de faire*.

Comme l'essence de toute convention consiste dans le consentement des parties, il faut en connoître la nature & les conditions qu'il doit avoir, afin qu'il soit véritablement obligatoire. Les principales sont au nombre de sept, savoir, 1°. l'usage de la raison ; 2°. qu'il soit déclaré convenablement ; 3°. qu'il soit exempt d'erreur ;

4°. exempt de dol ; 5°. accompagné d'une entiere liberté ; 6°. qu'il n'y ait rien de contraire à la difpofition des lois ; 7°. qu'il foit réciproque.

Les conventions fuppofent *l'ufage de la raifon ;* car les conventions étant établies pour fatisfaire à nos befoins, cela fuppofe néceffairement que les contractans connoiffent ce qu'ils font, & qu'ils ont examiné la chofe à laquelle ils s'engagent : ce qui demande l'ufage de la raifon. C'eft pourquoi les promeffes & les conventions des enfans, des jeunes gens, des imbécilles, des infenfés, ou de ceux à qui le vin a ôté entiérement l'ufage de la raifon, font nulles par elles-mêmes.

Il faut enfuite que le confentement des contractans foit réciproquement connu, & pour cet effet qu'il leur foit convenablement déclaré. Le confentement peut fe déclarer, ou d'une maniere expreffe & formelle ou d'une maniere tacite & conjecturale. Le confentement exprès & formel eft celui qui fe déclare par les fignes dont les hommes fe fervent communément pour cela, comme font les paroles, les écrits, &c. Le confentement tacite eft celui qui fe déduit de la nature même du fait dont il s'agit, & des circonftances qui l'accompagnent, & fans que l'on fe foit expliqué par des paroles. Ainfi le silence tout seul paſſe quelquefois pour une marque ſuffiſante de conſentement.

Une troiſieme condition néceſſaire au conſentement, c'eſt que l'on ait les connoiſſances néceſſaires dans l'affaire dont il s'agit, ou qu'il ſoit exempt d'erreur. Il y a de l'erreur dans les conventions, lorſque l'un des contractans, ou même tous les deux, ne connoiſſent pas l'état des choſes, ou que cet état eſt tout autre qu'ils ne le ſuppoſent. Dans ces circonſtances, le conſentement n'eſt pas donné d'une maniere abſolue, mais conditionnelle : & cette condition ne ſe vérifiant point, on peut dire qu'on n'a point conſenti, & par conſéquent qu'on n'eſt point obligé.

Il faut diſtinguer l'erreur eſſentielle de l'erreur accidentelle. L'*erreur eſſentielle* eſt celle qui regarde une choſe eſſentielle & néceſſaire à la convention ; ou par elle-même, ou ſuivant l'intention de l'une des parties, notifiée dans le temps de l'engagement. L'*erreur accidentelle* eſt au contraire celle qui n'a, ni par elle-même, ni ſuivant l'intention de l'un des contractans, aucune liaiſon néceſſaire avec la convention.

Ces principes nous donnent lieu d'établir les regles ſuivantes.

I. Lorſque dans une promeſſe gratuite

on a fuppofé quelque chofe, fans quoi on ne fe feroit point déterminé à promettre ; fi la chofe fuppofée manque, l'engagement eft nul, felon le droit naturel.

II. Pour ce qui eft des contrats, fi l'erreur a pour objet quelque circonftance néceffaire par elle-même à l'affaire dont il s'agit, la convention eft nulle, quoiqu'on ne fe foit pas expliqué là-deffus formellement. Car il eft bien évident que celui qui fe trompe n'a donné fon confentement que d'une maniere conditionnelle.

III. Si au contraire, l'objet de l'erreur eft par lui-même quelque chofe d'accidentel à la convention, cette erreur ne fauroit l'annuller, à moins qu'on ne fe fût expliqué là-deffus d'avance.

IV. Enfin, il faut remarquer que dans le doute, c'eft à-dire, fi l'on ne peut connoître certainement fi l'erreur eft effentielle ou accidentelle, alors l'erreur ne fauroit annuller la convention : & c'eft tant pis pour celui qui fe trompe. La raifon en eft, que toute perfonne qui contracte, eft préfumée raifonnablement connoître la nature & l'état des chofes, ou que du moins elle doit s'expliquer là-deffus, & s'en faire inftruire.

Non-feulement le confentement doit

être exempt d'erreur, mais encore de *dol.*
Par *dol* on entend toute forte de furprife,
de fraude, de fineffe, ou de diffimulation;
en un mot, toute mauvaife voie directe
ou indirecte, pofitive ou négative, par
laquelle on trompe quelqu'un malicieufement. *Non fuit autem contentus Prætor,*
dolum *dicere, fed adjecit,* malum; *quoniam
veteres dolum etiam bonum dicebant, & pro
folertia hoc nomen accipiebant* (*).

Nous pouvons prefcrire les regles fui-
vantes là-deffus. 1°. Dans toute convention où il y a de la tromperie d'une part,
il y a de l'autre part de l'erreur, & une
erreur effentielle. Donc toute convention
frauduleufe eft nulle à titre d'erreur. Cependant d'ordinaire on fonde uniquement
l'invalidité de la convention fur la mauvaife foi de l'un des contractans, parce
que dans le fond cette raifon feule fuffit
pour annuller un engagement. En effet,
le contractant de mauvaife foi eft tenu à
la réparation du dommage, s'il en arrive
par le contrat; ce qui n'a pas toujours
lieu dans l'erreur.

2°. Si le dol vient d'un tiers, & qu'il
n'y ait aucune collufion entre ce tiers &
l'autre contractant, la convention fubfifte

(*) Digest. Lib. IV. *De Dolo malo,* Leg. I. §. 2.

dans toute sa force, sauf à la partie léfée de pourfuivre l'auteur de la tromperie, pour en obtenir un dédommagement.

3°. Si c'eft par le dol de l'une des parties que l'autre s'eft déterminée à promettre ou à traiter, la promeffe ou la convention n'eft point obligatoire. En effet, ce feroit une chofe abfurde de s'imaginer qu'une tromperie malicieufe & criminelle pourroit impofer à autrui une obligation en faveur de l'auteur même de la fraude. *Nemo ex delicto conditionem fuam meliorem facere poteft*, difent fagement les Jurifconfultes Romains (*a*).

4°. S'il n'y a point de dol actuel dans la convention, & que cependant l'on craigne quelque furprife, fur des foupçons uniquement fondés fur la corruption générale du cœur humain, l'on n'eft pas pour cela difpenfé de tenir fes engagemens. Autrement il n'y auroit point d'engagement valable, & toutes les conventions fe réduiroient à un fimple jeu. La raifon en eft, que le dol étant une efpece de délit, il n'eft jamais préfumé, s'il n'y a des preuves. *Dolum ex indiciis perfpicuis probari convenit* (*b*).

(*a*) Digest. Lib. L. Tit. XVII. *De div. reg. jur.* L. CXXXIV. §. I.
(*b*) L. VI. C. *De dolo.*

Enfin, fi après s'être engagé avec quelqu'un, on vient à découvrir d'une maniere certaine qu'il ne penfe qu'à fe moquer de nous, nous ne fommes point obligés d'effectuer notre engagement, à moins qu'il ne nous donne de bonnes fûretés contre ce jufte fujet de défiance. C'eft ce qu'exige la fûreté des conventions & du commerce, qui fans cela deviendra tout-à-fait inutile.

Le confentement fuppofe encore une entiere liberté; par conféquent la contrainte ou la violence rend nul un engagement. Il y en a deux raifons. La prémiere, c'eft que les conventions font en elles-mêmes des chofes tout-à-fait indifférentes, & auxquelles on n'eft obligé de fe déterminer, qu'autant qu'on le trouve à propos. D'où il s'enfuit, qu'une convention extorquée eft nulle par elle-même. Dans cette circonftance celui qui donne fon confentement, n'a point une intention férieufe de s'obliger; s'il ne confent que pour fe tirer d'affaires. La feconde raifon fe tire de l'incapacité où eft l'auteur de la violence, d'acquérir quelque droit en vertu de fon injuftice. Car la loi naturelle défendant formellement toute violence dans les conventions, comment feroit-il poffible qu'elle donnât droit d'exiger l'accompliffement d'une convention

A vj

qui auroit pour principe une injure ou une injustice?

Mais lorsqu'on s'est engagé envers une personne, pour se garantir d'un mal dont on étoit menacé de la part d'un tiers, sans que celui-ci fût sollicité par l'autre, ou qu'il n'y eût entr'eux aucune collusion, l'engagement est valide sans contredit. Ainsi, si étant tombé entre les mains des pirates, on emprunte de l'argent pour se racheter, ou bien si l'on promet quelque chose à quelqu'un pour nous escorter ou pour nous défendre contre les voleurs, l'engagement est obligatoire. Car celui qui s'est engagé en ce cas-là, n'a rien qui le rende incapable d'acquérir quelque droit par rapport à nous. Il pourroit au contraire légitimement prétendre, indépendamment de toute convention, qu'on lui sût gré, & qu'on lui témoignât de la reconnoissance de ce qu'il a prévenu ou fait cesser le mal.

Il faut enfin remarquer, que les promesses ou les conventions faites par erreur, par surprise, ou par contrainte, peuvent néanmoins être validées, si l'erreur ou la surprise étant reconnue, ou bien si la crainte étant passée, la partie lésée veut bien tenir sa parole & renoncer à son droit. Car ce qui étoit nul dans son origine, peut être validé par un effet rétroactif, s'il survient quelque nouvelle cause, capable de produire par elle-même un vrai droit. Or cette cause est ici le consentement donné ensuite, avec une connoissance bien distincte & une entiere liberté.

Une sixieme condition nécessaire à la validité du consentement, c'est qu'il n'ait rien de contraire à la disposition des lois. Car les lois étant la regle des actions humaines, & la mesure de la liberté, une convention ne sauroit être obligatoire qu'autant qu'elle est faite dans l'étendue de la liberté que les lois laissent aux hommes. Les conventions contraires à la loi font donc nulles par défaut de pouvoir de la part des contractans ; & le Législateur, en défendant certaines choses, ôte le pouvoir de les faire, & par conséquent de s'engager à les faire. *Quæ legibus bonisve moribus repugnant, neminem facere posse credendum est.* Bien loin que telles obligations soient obligatoires, il est tout manifestement du devoir de ceux qui les ont faites, de s'en repentir, & de ne les pas exécuter.

La validité des conventions exige encore que le consentement soit mutuel & réciproque, puisque les conventions ne peuvent se former que par le concours, l'accord, l'union de la volonté de plusieurs personnes. Ce consentement mutuel est même nécessaire dans les promesses gratuites. Car tant qu'il n'y a point d'acceptation, la chose promise demeure en la disposition du promettant. *Non potest liberalitas nolenti acquiri. Invito beneficium non datur.* Et la raison en est claire ; car quand on offre son bien à quelqu'un, on ne veut ni le lui faire prendre par force, ni l'abandonner dans ce moment-là.

Enfin la validité des conventions demande nécessairement que la chose ou l'action, à laquelle on s'engage, ne soit point au-dessus de nos forces. Personne ne peut donc s'engager à l'impossible reconnu pour tel. Cette maxime est dans la bouche de tout le monde ; & quiconque s'engage à l'impossible, reconnu tel, n'est pas sûrement dans son bon sens, puisque sachant bien qu'il ne sera pas en état de faire une chose, il ne laisse pas de la vouloir faire.

Que si la chose n'étoit pas impossible lorsque l'on promettoit, mais qu'elle devînt ensuite telle après l'engagement, sans qu'il y eût de la faute du promettant, la convention est nulle, si la chose est encore dans son entier. Mais lorsque l'un des contractans a déjà exécuté quelque chose, il faut lui rendre ou ce qu'il a donné, ou l'équivalent.

Il faut bien prendre garde à la restriction, *sans qu'il y eût de la faute de la part du promettant* ; car c'est sur cette regle qu'il faut décider les questions que l'on agite au sujet des *débiteurs insolvables.* Lorsqu'ils sont tombés dans cette impuissance par un cas fortuit, & sans qu'il y ait de leur faute, il est barbare de les poursuivre. Il est vrai qu'ils ne doivent rien oublier pour tâcher de satisfaire leurs créanciers ; mais l'équité & l'humanité demandent que ceux-ci donnent du temps aux débiteurs, afin qu'ils cherchent les moyens de les acquitter. Sur quel motif barbare jettera-t-on dans une prison un innocent, malheureux débiteur ? Pourquoi le privera-t-on de la liberté, le seul bien qui lui reste ? Pourquoi lui fera-t-on subir les peines des coupables, & le forcera-t-on à se repentir de sa probité ? Il vivoit tranquille à l'abri de son innocence sous la garde des lois ; & ce n'est pas par sa faute qu'il a violé celles qui prescrivent la fidélité dans les conventions.

Mais si le débiteur insolvable s'est mis dans l'impossibilité de tenir sa parole & de s'acquitter de ses engagemens par sa mauvaise conduite & par ses débauches, il doit être très-févérement châtié ; & c'est à lui que convient le proverbe commun : *Qui ne peut payer de sa bourse, doit payer en sa personne ;* il doit être puni de

la peine qu'on décerne contre les faux
monnoyeurs ; parce que falsifier un morceau de métal monnoyé qui est un gage
des obligations des citoyens entr'eux, n'est
pas un crime plus grand que de falsifier
une obligation elle-même.

Il y a des engagemens absolus & des
engagemens conditionnels ; c'est-à-dire,
que l'on s'engage ou absolument & sans
réserve, ou en sorte que l'effet de la convention dépend de quelque événement.
Car, comme il est assez ordinaire dans les
conventions, qu'on prévoie des événe-
mens qui pourroient faire quelque changement où l'on veut pourvoir ; on regle
ce qui sera fait si ces cas arrivent ; & c'est
ce qui se fait par le moyen des conditions.

Les Jurisconsultes distinguent les conditions en *possibles* & *impossibles*. Mais les
conditions impossibles ne sont pas proprement des conditions. A l'égard des
conditions possibles, elles se subdivisent
en *casuelles* ou *fortuites* ; en *arbitraires* &
mixtes. Les casuelles sont celles dont l'ac-
complissement ne dépend point de nous.
Par exemple, je vous donnerai tant, si la
paix se fait cette année. Les conditions
arbitraires sont celles dont l'effet dépend
de celui envers qui l'on s'engage. Par
exemple, je vous donnerai tant, si vous
étudiez assidûment cet hiver. Les condi-

tions mixtes font celles dont l'accompliffement dépend en partie de la volonté de celui envers qui l'on s'engage, & en partie du hafard. Par exemple, je vous donnerai tant, fi vous époufez une telle fille.

Les conditions font encore de trois fortes, felon trois différens effets qu'elles peuvent avoir. Les unes regardent l'accompliffement des conventions qu'on en fait dépendre ; comme s'il eft dit, qu'une vente aura lieu en cas que la marchandife foit délivrée un tel jour. Les fecondes réfolvent les conventions ; comme s'il eft dit que fi une telle perfonne arrive en tel temps, le bail d'une maifon fera réfolu. La troifieme forte eft de celles qui n'accompliffent ni ne réfolvent les conventions ; mais qui feulement y apportent quelqu'autre changement ; comme s'il eft dit, que fi une maifon louée eft donnée fans des meubles promis, le loyer fera diminué de tant.

Il y a auffi des conditions *expreffes*, & il y en a de *tacites*, & qui font *fous-entendues*. Les conditions expreffes font toutes celles qui font expliquées ; comme quand il eft dit, fi cette chofe eft faite ou non ; fi telle chofe arrive ou non. Les conditions tacites font celles qui fe trouvent renfermées dans une convention, fans y être exprimées. Comme s'il est dit dans une vente d'héritage, que le vendeur se réserve les fruits de l'année, cette réserve renferme la condition qu'il naisse des fruits ; de même que s'il avoit été dit, qu'il réservoit les fruits, en cas qu'il y en eût.

L'on peut s'obliger aussi par l'entremise d'un tiers, que l'on appelle un *Procureur*. L'on charge quelqu'un de traiter en notre nom, ou par une *procuration générale*, qui lui donne plein pouvoir de faire ce qu'il jugera le plus à propos pour nos intérêts, ou par une *procuration spéciale*, qui regle expressément les articles qu'il doit traiter, & de quelle maniere il doit s'y prendre. *Procurator autem vel omnium rerum, vel unius rei esse potest* (*).

Il faut encore faire attention, si le pouvoir du Procureur s'étend jusqu'à la parfaite conclusion de la convention, ou si le maître s'est réservé l'approbation & la ratification de la convention. Enfin, il faut encore savoir si le cas demande que le procureur déclare jusqu'où son pouvoir s'étend, sur-tout lorsque la négociation est compliquée, & si la personne

—————————————————————

(*) DIGEST. Lib. III. *De Procurat.* §. I.

avec qui le Procureur doit traiter, a pu en être informée au juste, sans être trompée.

Ces remarques nous menent naturellement aux regles suivantes. 1°. « Celui » qui constitue dûment un procureur » par une procuration générale, en le » chargeant de finir les conventions, est » obligé de ratifier tout ce que son pro- » cureur a fait, & les conventions font » valables, de telle foi qu'il les exécute ; » pourvu qu'il n'y ait point de collusion » entre le procureur & la personne avec » qui il a été chargé de traiter. » Je dis, *de telle foi qu'il les exécute.* Car en suppofant qu'il n'y ait point de collusion entre les parties contractantes, si le procureur trahit les intérêts de son maître, pourquoi la convention ne feroit-elle pas valable ? Seroit-il juste que la personne qui a traité avec le procureur, fût la dupe de la perfidie du procureur, & de l'imprudence du maître qui a confié ses intérêts à une personne dont il ne connoiffoit pas le mauvais caractere ?

2°. « Si le maître s'est réfervé le pou- » voir de confirmer & de ratifier la con- » vention faite par son procureur, la » convention n'entre en vigueur qu'après » la ratification. » C'est ici où il faut appliquer la diftinction que les Romains faifoient entre les mots *Fœdus & Sponfio.*

3°. « Enfin, fi la convention demande » que l'on fache au jufte le pouvoir du » procureur, & que la perfonne avec » qui le procureur doit traiter, ne peut » le favoir autrement que par le maître » ou le procureur lui-même, fi ceux-ci » négligent de l'en informer, la con-» vention eft valide, quand même le » procureur auroit paffé les bornes de » fon pouvoir. » Car le procureur eft cenfé avoir tout le pouvoir néceffaire de traiter : & comme ce n'eft pas à la per-fonne avec qui il traite, à lui faire fixer les bornes, il n'eft pas obligé par confé-quent de les connoître, fi on les lui cache.

Les fignes dont on fe fert pour mar-quer le confentement qu'on donne dans les conventions, font 1°. des *geftes,* dont on fe fert auffi dans le commerce de la vie, lorfqu'on n'entend pas la langue les uns des autres. 2°. Les *paroles* entendues de part & d'autre. 3°. Les *témoins,* à la mémoire & à la confcience defquels on en appelleroit, au cas que l'une des parties niât fes engagemens. 4°. Rédiger les ar-ticles de la convention *par écrit.* La pre-miere efpece de fignes eft imparfaite : la feconde n'eft guere fûre ; foit parce qu'on

peut aifément oublier ce qu'on a promis
de faire ; foit parce que la perfidie des
hommes rendroit la plupart des conventions inutiles. Les témoins font un meilleur garant des conventions ; cependant
il n'eft pas encore bien affuré, puifque la
fûreté des engagemens dépendroit de leur
mémoire & de leur bonne foi : deux articles fujets eux-mêmes à caution. Le plus
fûr donc, c'eft de mettre les articles des
engagemens par écrit, & de les faire figner
par les parties contractantes & par des
témoins. On ne fauroit jamais prendre
affez de précautions pour la fûreté des
engagemens, & pour ôter toute occafion
aux parties contractantes de fe nier réciproquement ce qu'elles fe font promis
religieufement. Les précautions, il eft
vrai, ne font pas un grand honneur à
l'humanité ; car comme dit Séneque :
Adhibentur ab utrâque parte teftes : Ille per
tabulas plurium nomina, interpofitis pavariis
facit..... O turpem humano generi fraudis
ac nequitiæ publicæ confeffionem ! annulis
noftris plus quàm animis creditur..... En
quid imprimunt figna? nempe ne ille neget
accepiffe fe quod accepit ; (*) La tranquillité

(*) *De Beneficiis*, lib. III. cap. XV.

publique & particuliere cependant exige
néceſſaires ces attentions. Perſée, prêtant
un jour de l'argent à quelqu'un de ſes
amis, lui fit faire une bonne obligation
dans les formes. L'ami ſurpris que Perſée
prît tant de précautions, lui dit : « Quoi !
» vous voulez prendre avec moi d'une
» maniere ſi rigoureuſe toutes les précau-
» tions qu'exigent les lois ! Oui, répondit
» Perſée, afin que vous me rendiez mon
» argent de bonne grace, & que je ne
» ſois pas obligé de le redemander en
» juſtice. » (*) Voyez ſur cette Leçon,
BURLAMAQUI, IV. Part. chap. IV. Tom.
IV. pag. 3. à 93. Puffendorf, Liv. III.
chap. IV. V. VI. VII. VIII. & IX. Domat, *Lois civiles*, &c. Part. I. Liv. I.
Titre I. &c.

(*) Plutarch. *de vitioſo pudore.*

LEÇON XXIII.

Usage de la parole : Il faut observer la vérité dans ses discours : Autre loi de la sociabilité.

APrès les conventions, un autre établissement humain, & qui est d'un très-grand usage dans la société, c'est l'usage de la parole. La parole est une voix articulée dont les hommes se servent pour se communiquer leurs pensées; ce qui en indique le but. En effet, la faculté de la parole ne nous a été donnée que comme un moyen très-prompt & très-commode pour nous communiquer nos pensées les uns aux autres, & pour nous procurer par-là les secours, les avantages & les douceurs que la société nous présente. Et certainement, quand nous n'aurions d'autre preuve de la destination de l'homme à la société que celle qui résulte de la faculté de la parole, dont il est enrichi ; cela seul prouveroit suffisamment que l'homme est destiné à vivre avec ses semblables.

Il faut remarquer ici que l'établissement

de la signification des mots ne s'est point
fait par une convention proprement dite,
mais par un usage, qui, à le considérer
en lui-même, & indépendamment de
l'obligation où l'on est de découvrir aux
autres ce que l'on pense, n'a rien d'obligatoire. Ainsi, arrive-t-il tous les jours,
qu'un simple particulier invente de nouveaux mots, ou donne à ceux qui sont
déjà reçus, une nouvelle signification, &
que cela est suivi ou rejeté par les autres, ou en tout ou en partie, pour un
temps ou pour toujours, avec une entiere
liberté. Ce qui ne se pourroit pas faire,
s'il y avoit là-dessus quelque convention
obligatoire; car alors le moindre changement à l'usage reçu, & qui ne seroit
pas fait d'un commun accord, auroit
quelque chose de criminel. Ce que l'on
n'oseroit soutenir, & qui est manifestement réfuté par une pratique assez fré-
quente, & à laquelle personne ne trouve
à redire, & qui sert au contraire mer-
veilleusement à embellir & à enrichir les
langues.

Pour développer comme elle mérite,
cette matiere qui est une des plus importantes dans la Morale, il faut remonter
aux principes, pour en tirer ensuite des
conséquences certaines pour la conduite
des hommes.

Remarquons

Remarquons d'abord, que si l'homme avoit été destiné à vivre isolé, sans avoir aucun commerce, aucune liaison avec les autres hommes, la parole lui auroit été entiérement inutile. Si Dieu, par exemple, n'avoit créé qu'un seul homme sur la terre, cet homme unique ne se seroit jamais avisé d'inventer un langage. Quel eût été, en effet, son dessein par cette invention ? Je dis même qu'il n'auroit jamais découvert, que la langue, outre son premier usage de servir à la manducation, pouvoit en avoir un second beaucoup plus noble, savoir, d'exprimer ses pensées & de parler. Mais destiné par le Créateur, à vivre en société, obligé à recourir à l'assistance des autres, lorsque ses propres forces ne suffisoient pas à sa conservation, ou à son bonheur, tenu enfin de faire usage de ses facultés, lorsque les autres en auroient eu besoin à leur tour; il est manifeste que l'homme pour tirer de la société tous les avantages que l'Auteur de cette même société lui avoit ménagés, & pour s'acquitter des devoirs auxquels il étoit obligé envers la société, devoit avoir le don de la parole, dont le but doit être ainsi de nous acquitter de nos devoirs envers nous-mêmes & envers le prochain.

Tome I. Part. II.   **B**

Le but de la parole nous mene naturellement à connoître la maniere de s'en
servir. Car dès que la parole nous a été
donnée pour obtenir des autres les secours
que les lois de la conservation & de la
perfection de nous-mêmes nous obligent
de demander, & de les prêter aux autres
lorsqu'ils ont besoin des nôtres; il s'ensuit évidemment que nous péchons contre
les principes du Droit Naturel toutes les
fois que nous faisons servir la langue à
notre préjudice ou au désavantage des
autres. Nous agissons au contraire, conformément aux lois divines, lorsque nous
nous en servons pour demander les secours qu'effectivement nous connoissons
convenables à notre conservation, à
notre perfection, & pour donner à notre
prochain les secours que nous croyons
effectivement convenables à sa perfection,
à sa conservation : puisqu'il est clair que
si je demandois des autres ce que je juge
tendre à ma destruction, à mon imper-
fection, ou si je faisois aux autres ce que
je croirois tendre à leur destruction, à
leur malheur, je ferois un usage de la
parole tout-à-fait contraire à son but.

L'usage que nous devons indispensable-
ment faire de la parole, nous défend rigoureusement de *mentir*; c'est-à-dire de nous

en servir contre les maximes des lois naturelles. J'appelle donc *menfonge tout ufage
de la parole contre les maximes du Droit
Naturel.* Si je m'exprime différemment de
ce que je penfe, & par-là je fais du tort à
moi-même, ou à mon prochain, *je mens ;*
fi je m'exprime comme je penfe, & par
là je fais du tort à moi-même, ou à mon
prochain, *je mens ;* parce que dans ces
deux cas je fais ufage de la parole contre
les maximes des lois naturelles. Par exemple, fi je découvre le chemin qu'une perfonne a pris, à un furieux qui le fuit le
piftolet ou l'épée nue à la main ; fi je ré-
vele les infidélités d'une femme à un mari
qui me le demande avec inftance pour en
tirer vengeance, &c. je mens, parce
que je fais ufage de la parole contre les
devoirs des lois naturelles ; tout comme
je mens lorfque je refufe l'aumône à un
pauvre, en lui difant n'avoir point d'argent, tandis que j'aurai la bourfe bien
garnie. Je n'abufe pas moins de la parole,
& je n'agis pas moins contre les maximes
du Droit Naturel dans les cas de la premiere efpece que dans ceux de la feconde.

La vérité morale eft donc une vertu
relative comme toutes les vertus fociales ;
& le menfonge eft un vice relatif comme
tous les vices fociaux. En effet, l'homme

ifolé, ne faifant point ufage de la parole
ni pour fa propre confervation, ni pour
celle des autres, ne feroit jamais expofé
à dire ni la vérité ni le menfonge; tout
comme il ne fauroit exercer aucune des
vertus fociales qui ne peuvent être mifes
en pratique que dans la fociété. De là
nous pouvons conclure que ce qu'on appelle ordinairement vérité morale n'eft
pas une vertu en elle-même; & que ce
que l'on nomme menfonge, n'eft pas un
vice en lui-même; mais qu'ils font tels
feulement, parce que l'homme étant en
fociété, il ne fauroit ni fe procurer à lui-
même ni prêter aux autres les fecours qui
entretiennent la fociété, fans faire de la
parole l'ufage auquel elle a été deftinée
par l'Auteur de la nature, je veux dire,
de s'exprimer toujours comme l'on penfe.
Car, fuppofons pour un moment, ou que
l'homme ifolé eût l'ufage de la parole; ou
qu'étant en fociété, il eût tout ce qu'il
lui faut pour être heureux, tellement
qu'il ne dût ni rien demander aux autres
hommes, ni rien leur fournir. Dans le
premier cas, fi l'homme ne s'exprimoit
pas comme il penfe avec les autres êtres
de la terre, il ne mentiroit pas proprement, fuivant l'idée que nous attachons
à ce mot; & cette action feroit une ac-

tion indifférente à laquelle on ne sauroit attacher aucune moralité. Dans le second cas, c'est-à-dire, où l'homme eût tout ce qu'il lui faut pour son bonheur, il faudroit nécessairement supposer une plus grande perfection dans la nature humaine, relativement aux forces de l'esprit & du corps; & dans cette supposition, personne ne seroit la dupe des autres lorsqu'ils ne s'exprimeroient pas conformément à leur manière de penser; la perfection de leur nature feroit aisément comprendre à ceux qui écouteroient, que celui qui parle ne s'est pas exprimé comme il pense; & on prendroit son discours comme un badinage, qui ne pourroit avoir aucune suite fâcheuse dans l'esprit de ceux à qui la parole seroit adressée; précisément comme lorsqu'on adresse à un enfant ou à un insensé quelque chose de faux & inventé tout exprès, en présence de personnes éclairées; on ne diroit pas sûrement que l'on ment à ces personnes, parce qu'elles comprennent aisément que la personne qui parle aux enfans ou aux insensés, ne s'exprime pas comme elle pense.

Concluons donc, que selon les lois naturelles, l'obligation de dire la vérité, c'est-à-dire de nous exprimer comme nous pensons, n'a d'autre fondement, que l'amour de nous-mêmes & la *sociabilité*. Pauvres par nous-mêmes & foibles, environnés de mille dangers, nous ne saurions ni nous conserver nous-mêmes, ni veiller à la conservation des autres, sans des secours réciproques qu'on ne demande & qu'on n'accorde que par l'usage de la parole. Or comme tous les hommes ont droit aux secours des autres, tous ont aussi droit qu'on leur dise la vérité, lorsque c'est par elle qu'ils peuvent les obtenir. Au contraire, si la vérité peut leur être funeste, ou les empêcher de s'acquitter de leurs devoirs; loin que la vérité morale soit alors un acte de vertu, elle doit être regardée comme un véritable crime.

Lorsque Abraham alloit sacrifier son fils sur la montagne de *Morijah*, il dit à ses serviteurs : *Demeurez ici ; nous monterons l'enfant & moi ; & quand nous aurons adoré Dieu*, NOUS RETOURNERONS. Les Peres & les Interpretes, ne partant pas du vrai principe des lois naturelles dans cette matiere, ont fait des volumes sur ce prétendu mensonge. Abraham ne mentit pas, parce qu'il fit usage de la parole suivant les lois naturelles. S'il avoit dit ce qu'il pensoit, ses gens l'auroient empêché de faire ce qu'il se proposoit : il auroit sauvé par là son fils ; mais il ne se feroit pas acquitté de ce qu'il devoit à Dieu : or comme dans un conflit de devoirs, le plus fort doit l'emporter sur celui qui l'est moins, Abraham fit donc l'usage de la parole qu'il devoit faire suivant les lois naturelles ; donc il ne mentit pas.

Narbal, pour se soustraire à la cruauté du Roi de Tyr, conseilloit à Télémaque de cacher sa véritable origine. « Vous » soutiendrez, lui disoit-il, que vous êtes » Cyprien, de la ville d'Amatonte, fils » d'un Statuaire de Vénus : Je déclarerai » que j'ai connu autrefois votre pere ; & » peut-être que le Roi, sans approfondir » davantage, vous laissera partir. Je ne » vois plus d'autre moyen de sauver votre » vie & la mienne..... Je ne puis me » résoudre à mentir, répondit Téléma- » que : Je ne suis point Cyprien, je ne » saurois dire que je le suis..... Ce men- » songe, répondit Narbal, n'a rien qui » ne soit innocent : les Dieux mêmes ne » peuvent le condamner (il devoit ajouter » qu'ils l'ordonnent) ; il ne fait aucun » tort à personne ; il sauve la vie à deux » innocens ; il ne trompe le Roi que pour » l'empêcher de faire un grand crime. » Vous poussez trop loin, Télémaque, » l'amour de la vertu, reprit Narbal, & » la crainte de blesser la Religion. Il suf-

» fit, dit Télémaque, que le menſonge
» ſoit menſonge, pour n'être pas digne
» d'un homme qui parle en préſence des
» Dieux, & qui doit tout à la vérité.
» Celui qui bleſſe la vérité, offenſe les
» Dieux & ſe bleſſe ſoi-même; car il
» parle contre ſa conſcience. Ceſſez,
» Narbal; de me propoſer ce qui eſt in-
» digne de vous & de moi.

Voilà des idées bien étranges de nos
devoirs! Il eſt permis de tuer un homme
en préſence de Dieu, lorſqu'il nous at-
taque injuſtement : & il ne ſera pas permis
de garantir notre vie, en ſauvant celle
de notre agreſſeur, par un menſonge qui,
ne faiſant point de tort à perſonne, fait
un bien conſidérable à trois à la fois.
Celui qui bleſſe la vérité, dit-on, offenſe
les Dieux. C'eſt celui qui bleſſe les lois
naturelles qui offenſe les Dieux : or pourquoi ne me déterminerois-je pas à m'exprimer différemment de ce que je penſe,
pour ne pas tranſgreſſer les lois les plus
ſacrées de la nature? *Le menſonge eſt toujours menſonge :* c'eſt un jeu de mots digne
du dixieme ſiecle. Le menſonge, c'eſt-à-
dire, l'uſage de la parole contre ce que
les lois naturelles preſcrivent, eſt toujours
un menſonge, c'eſt-à-dire une action criminelle; rien de plus vrai. Le menſonge,

c'est-à-dire, une expression qui ne s'accorde point avec la pensée de celui qui parle, pour se procurer un bien réel à soi-même & à d'autres, & pour empêcher que celui que l'on trompe ne commette pas un grand crime ; ce prétendu mensonge, loin d'être une action criminelle, est au contraire une action réellement vertueuse, parce qu'elle est conforme à ce que nous devons à nous-mêmes & à notre prochain ; & il est impossible que, pendant que nous nous acquittons de nos devoirs envers nous-mêmes, envers notre prochain, nous manquions à ceux que nous devons à Dieu ; car il n'y a point de contradiction réelle entre nos devoirs. Les idées de Télémaque dans ce passage renversent entièrement le système des lois naturelles.

Est-il donc permis de mentir ? Toute la difficulté de cette question dépend de la définition du mensonge. Si nous définissons le mensonge, suivant nos principes, *tout usage de la parole contre les lois naturelles ;* la question revient à celle-ci : *Est-il permis de blesser les lois naturelles en parlant ?* La réponse en est fort claire. Si le mensonge est *toute expression différente de ce que l'on pense,* suivant Grotius, je dis encore qu'il est permis de mentir, lorsque ce que nous devons à nous-mêmes & à notre prochain par droit naturel, nous le demande ; car celui qui ment dans ce cas, fait l'usage qu'il doit faire de la parole, suivant les lois naturelles, c'est-à-dire, il se sert de la langue pour son propre bien réel & pour celui de son prochain ; or, pourvu que nous obtenions ce but, que ce soit en nous exprimant comme nous pensons, que ce soit en nous exprimant différemment de ce que nous pensons, l'usage de la parole est toujours celui que les lois naturelles nous prescrivent. Enfin, si nous définissons le mensonge, suivant Puffendorf, *une expression différente de ce que l'on pense, faite de propos délibéré, & en vue de faire du mal & de causer du dommage à ceux qui nous écoutent,* la question revient à celle-ci : *Est-il permis de faire du mal aux autres ?* la décision en est facile.

Voilà donc une résolution fort simple, de cette grande question de morale. Suivant nos principes, elle se réduit à une question de mots. Nous devons faire usage de nos facultés pour nous acquitter de nos devoirs ; pensées, paroles, actions, tout doit tendre au même but ; & leur bonté ou leur malice morale dépend uniquement de ce grand but ; & en fait de morale, il n'y a ni malice absolue, ni bonté absolue, tout est relatif au bien ou au mal que les penfées, les paroles, les actions produifent. Ainfi les coups ménagés à temps aux enfans font un bien pour eux ; donnés à une perfonne qui doit faire ufage de fa raifon, font un mal : révéler les défauts d'une perfonne à celui qui peut l'en corriger, c'eft un bien ; les manifefter à ceux qui n'y ont point d'intérêt, c'eft un mal : dérober le bien d'autrui fans néceffité, c'eft un mal ; mais dérober dans un cas de néceffité, c'eft un bien, car c'eft agir fuivant le droit que les lois naturelles nous accordent en conféquence de l'obligation qu'elles nous impofent de nous conferver nous-mêmes. Ainfi, s'exprimer comme nous penfons pour nous acquitter de nos devoirs, c'eft un bien ; fi nous manquons par-là à quelques devoirs, c'eft un mal. Définiffons donc les termes, remontons aux vrais principes des chofes : & ce qui nous femble épineux & fort embarraffé, deviendra très-fimple & fort aifé. Toute autre voie eft infuffifante pour nous guérir des préjugés de l'ignorance ; j'avoue que celui que nous combattons ici, eft un des plus forts ; mais auffi eft-il un des plus dangereux dans la morale : il a fait pouffer le fanatifme jufqu'à foutenir les propofitions les plus abfurdes ; telles

B vj

1°. « Que si tout le genre humain de-
» voit être exterminé, & qu'il fût possi-
» ble de le sauver par un mensonge,
» il faudroit éviter ce mensonge, &
» laisser périr tout le genre humain. 2°.
» Que lorsqu'en disant un mensonge on
» peut empêcher une ou plusieurs per-
» sonnes de pécher, il vaut mieux les
» laisser pécher que de mentir. 3°. Que
» lorsqu'en mentant on peut empêcher
» notre prochain d'être damné éternel-
» lement, il vaut mieux le laisser périr,
» que de le sauver aux dépens de la
» vérité. » (*) C'est cependant un des
plus beaux génies de l'Église, qui a soutenu de pareilles absurdités morales, que
l'on pourroit appeler *maximes morales de
la société antisociable.*

Mais, dit-on, l'on pourra aisément se
faire illusion, & prendre le bien apparent
pour le bien réel, & substituer par-là
impunément le mensonge à la vérité; ce
qui tendroit à rendre les hommes men-
teurs, & à les écarter du chemin de la
vérité morale. D'abord, c'est l'écueil de
toute la morale. Si les hommes pouvoient
toujours connoître & suivre le bien réel,

______

(*) St. Augustin.

ils ne s'écarteroient jamais du vrai chemin de la vertu. Que s'ils s'en écartent dans les pensées, dans les actions, séduits par les fausses apparences des biens imaginaires, quelle difficulté aurons - nous d'avouer qu'ils peuvent aussi s'en écarter à l'égard des paroles, trompés par les apparences des faux biens, que les passions nous font envisager comme des biens réels ? D'ailleurs, doit - on cacher la vérité, parce que les hommes peuvent en abuser ? Les suites de l'erreur ne sont - elles pas infiniment plus funestes que l'abus que les méchans peuvent faire de la vérité ? Il y a fort peu de vérités morales, dont on ne puisse abuser, dès que les passions nous guident.

Est · il permis de se servir de quelque façon de parler équivoque ? Je réponds, que comme un discours équivoque peut avoir plus d'un sens, s'il y a à craindre que quelqu'un de ceux qui écoutent, puissent le prenre dans un sens à lui causer du mal, l'équivoque est un mensonge criminel ; mais si l'équivoque ne cause aucun mal à personne, il n'est pas vicieux, & alors il est permis, pourvu qu'il y ait quelque nécessité de notre part d'en faire usage.

Les *restrictions mentales* sont-elles permises ? Les restrictions mentales cachent les vraies penſées de ceux qui s'en ſervent. S'en ſert-on pour procurer un bien réel à ſoi-même, ſans offenſer le prochain ; ou à celui-ci, ſans bleſſer les droits de Dieu & de nous-mêmes ? Elles ne ſeront pas moins permiſes que les expreſſions formellement contraires aux penſées. Sont-elles contraires à nos devoirs ? elles ſeront criminelles. Car la reſtriction mentale dans le premier cas, eſt un uſage de la parole, conforme aux lois naturelles ; dans le dernier cas, c'eſt un uſage de la parole contre les lois naturelles. Donc dans le premier cas non-ſeulement elle eſt permiſe, mais nous ſommes même obligés de nous en ſervir ; dans le ſecond cas elle nous eſt rigoureuſement défendue.

L'on voit aiſément par ce que nous venons de dire, qu'il eſt permis & même ordonné de ne pas s'exprimer comme l'on penſe avec les enfans & les inſenſés, lorſque par ce déguiſement, nous avons en vue leur propre bien. De même, lorſqu'en nous exprimant comme nous penſons, nous ne pouvons pas venir à bout de ſoulager un malade, il nous eſt poſitivement impoſé de lui parler contre notre penſée.

Enfin, on demande s'il eſt permis à une perſonne accuſée d'un crime, dont elle eſt coupable, de le nier, ou d'éluder les accuſations par de fauſſes preuves ? Il faut diſtinguer deux choſes dans tout délit ; le *crime* & le *dommage*. La réparation du dommage eſt indiſpenſable, & on peut s'acquitter de ce devoir ſans paſſer par les mains de la juſtice, & même en pluſieurs pays beaucoup mieux. Quant au crime, perſonne n'étant obligé de s'accuſer & de s'expoſer ſoi-même à la peine, pourvu que par-là on ne faſſe point de tort à perſonne, le criminel peut & doit même cacher la vérité. Je dis, *pourvu que par-là on ne faſſe point de tort à perſonne* ; car ſi, par exemple, le criminel eût des complices, il ſeroit très-dangereux de les laiſſer impunis ; & alors il ſeroit obligé rigoureuſement d'avouer le crime & d'en découvrir les complices. Voyez ſur cette Leçon, BURLAMAQUI, IV. Part. Chap. V. Tom. IV.

LEÇON XXIV.

Le Serment.

COmme le serment donne beaucoup de poids & de créance à nos discours & à tous les actes où la parole intervient, l'ordre naturel veut que nous traitions ici de cette matiere importante.

Le serment est un acte par lequel, pour donner plus de poids & de créance à nos discours, ou à nos engagemens, nous nous soumettons d'une maniere formelle à la juste vengeance de Dieu, en cas de mensonge ou d'infidélité. En effet, lorsqu'on prend à témoin un Supérieur qui a droit de nous infliger des peines, on est censé le prier en même-temps de punir la perfidie, au cas qu'on s'en rende coupable : & un être qui sait tout ce qui se passe, est le vengeur du crime, par-là même qu'il en est le témoin. « Tout » serment, dit Plutarque, se réduit à » une imprécation contre le parjure. » Les manieres même dont les différentes formules du serment sont le plus ordinai-

rement conçues, font voir la même chofe.
Par exemple : *Ainfi Dieu me foit en aide :
J'en prends Dieu à témoin : Je veux qu'il
me puniffe,* &c.

De tout temps & parmi tous les peuples le ferment a été regardé comme une
chofe très-fainte & très-inviolable. Les
Egyptiens puniffoient de mort les par-
jures, comme coupables de deux grands
crimes : l'un de violer le refpect dû à la
Divinité; l'autre de manquer à l'engagement le plus facré parmi les hommes. La
loi naturelle nous prefcrit de ne jurer que
le moins que l'on peut, & avec un refpect religieux; mais de tenir inviolablement ce à quoi on s'eft engagé avec
ferment.

L'ufage du ferment fuppofe la défiance,
l'infidélité, l'ignorance & l'impuiffance
des hommes. Il a été établi comme un
remede à ces maux-là. Et certainement
on ne pouvoit employer un moyen plus
efficace, pour engager à dire la vérité,
ou à tenir fa parole, que la crainte d'un
Dieu, qui peut tout & qui voit tout,
& à la juftice duquel on fe foumet foi-
même, en cas de menfonge ou de perfidie. Ainfi le but & la fin du ferment, de
la part de celui qui jure, c'eft de donner
plus de créance à fes difcours & de fe

concilier la confiance : & de la part de celui à qui l'on jure, de l'affurer de la fincérité ou de la fidélité de celui avec qui il a affaire. Cela étant, le ferment, par rapport au commerce de la vie, eft proprement un moyen de fociété ; il ne doit être confidéré que comme un acte civil. C'eft une sûreté que l'on exige, & dont la force dépend de l'impreffion que fait fur l'efprit des hommes la crainte d'une divinité.

Pour bien connoître en quoi confifte l'obligation & la force du ferment, il faut premiérement favoir ce qui eft effentiellement néceffaire au ferment, afin qu'il foit véritablement tel, & que l'on puiffe dire raifonnablement que celui qui l'a prêté, a réellement juré. Or il eft de l'effence du ferment confidéré en lui-même, 1°. qu'il fe termine toujours à la Divinité : 2°. qu'il renferme une foumiffion à la juftice divine, en cas de perfidie ou de menfonge.

Outre cela, afin que celui qui prononce un ferment puiffe être cenfé avoir véritablement juré, il eft néceffaire. 1°. Qu'il foit conforme à la religion de celui qui le prête : 2°. que celui qui jure, ait l'ufage de la raifon : 3°. qu'il ait véritablement l'intention de prendre Dieu à té-

moin; 4°. enfin, qu'il juré librement, &
non par une contrainte injufte. Voyez-en
le détail dans mon Edition de BURLA-
MAQUI, IV. Part. chap. VI. Tom. IV.
pag. 144. & fuiv.

Si l'on fait attention à la nature & à
la définition du ferment, on reconnoîtra
que le ferment de fa nature ne produit
point de nouvelle obligation propre &
particuliere ; mais qu'il eft feulement
ajouté comme un lien acceffoire, pour
rendre plus fort quelque engagement où
l'on veut entrer. En un mot, on ne s'engage pas pour jurer, mais on jure pour
confirmer fon engagement. D'ailleurs, le
ferment n'eft qu'un lien acceffoire qui fuppofe toujours la validité de l'engagement
auquel on l'ajoute, pour rendre les hommes envers qui l'on s'engage plus certains
de notre bonne foi ; & dès qu'il ne s'y
trouve aucun vice qui rende cet engagement nul ou illicite, cela fuffit pour être
affuré que Dieu veut bien être pris à témoin de l'accompliffement de la promeffe, parce qu'on fait certainement que
l'obligation de tei r fa parole, eft fondée
fur une des maximes évidentes de la loi
naturelle dont il eft l'auteur.

Il ne faut pourtant pas conclure de ce
que le ferment ne produit pas une nou-

velle obligation, qu'il soit inutile ou superflu. Car quoique les engagemens où l'on entre sans serment, soient véritablement obligatoires, cependant tous les hommes sont persuadés & avec raison, que Dieu punira beaucoup plus sévérement ceux qui outragent hautement la Divinité, en se rendant coupables du parjure, que ceux qui manquent simplement à leur parole. C'est une conséquence du principe que nous venons d'établir, que le serment ne change point la nature de l'acte auquel il est ajouté.

C'est donc par la nature même des actes dans lesquels on fait intervenir le serment, que l'on doit juger de sa validité ou non validité. Voyez ce que nous en avons dit dans la Leçon XXII. en parlant de la validité des conventions.

Pour ce qui est de la maniere dont on peut être absous ou dispensé de l'obligation du serment, voici les principes qu'il faut établir. 1°. Toute personne dont les actions & les biens dépendent d'un supérieur, ne peut jamais en disposer au préjudice de l'autorité de ce supérieur, qui par conséquent a droit d'annuller ce qui a été fait contre sa volonté. 2°. Un supérieur peut mettre des bornes comme il le juge à propos, aux droits même que ſes ſujets ont déjà acquis : & à plus forte raiſon à ceux qu'ils doivent acquérir. 3°. Le pouvoir du ſouverain ne peut s'étendre juſqu'à diſpenſer de tenir un ſerment véritablement obligatoire, qui n'a en lui-même aucun vice, & qui regarde une choſe dont celui qui a juré pouvoit diſpoſer à ſa fantaiſie. 4°. Celui qui n'a aucune autorité, ni ſur celui qui a juré, ni ſur la perſonne en faveur de qui l'on a prêté le ſerment, ne ſauroit en diſpenſer ou en abſoudre.

L'on diſtingue diverſes ſortes de ſermens, ſelon leur différent uſage dans la ſociété. Il y a des ſermens qu'on appelle obligatoires, *promiſſoria ;* ce ſont ceux que l'on ajoute aux promeſſes & aux conventions pour les rendre plus inviolables. Il y a des ſermens affirmatifs, *aſſertoria ;* tels ſont ceux par leſquels on confirme ce que l'on avance ſur un fait, qui n'eſt d'ailleurs pas bien avéré : tel eſt le ſerment des témoins. Quelquefois auſſi une perſonne qui a quelque différent ou quelque procès, jure elle-même pour le terminer, ou par ordre du Juge, ou à la réquiſition de l'autre partie, *juramentum litis deciſorium.*

Les ſermens obligatoires ſont fort en uſage, & peut-être plus qu'il ne faudroit;

le plus souvent ils sont injustes ou téméraires. Pour le faire innocemment, il faut
savoir avec la derniere certitude, que
l'action ou l'omission, à laquelle on s'o-
blige, est permise ou innocente : il faut
voir si c'est une chose qui dépend de nous
& qui soit en notre pouvoir; il faut examiner si elle ne nous jettera point dans
quelque danger tant soit peu considérable
d'offenser Dieu & de violer sa loi, & s'il
y a nécessité de jurer.

A l'égard des sermens affirmatifs, c'est-
à-dire, qui se font pour décider un différent, sur lequel il n'y a pas d'autres
preuves, par lesquelles on puisse le terminer, celui qui jure, c'est ou la personne même intéressée, ou un tiers. Ceux
qui certifient avec serment une action
d'autrui, sont appellés *témoins*; & leur
déposition passe avec raison pour être
d'un grand poids, lorsqu'il n'y a rien qui
la rende vraisemblablement suspecte; car
on ne sauroit légitimement présumer
qu'un homme de bien & craignant Dieu,
veuille pour l'intérêt d'autrui, s'exposer
lui-même à la vengeance divine. Les lois
civiles néanmoins ont sagement établi de
ne pas recevoir sans beaucoup de circonf-
pection, le témoignage d'un homme sur
une affaire de quelqu'autre, avec qui il

a des liaisons étroites; parce qu'il peut aisément arriver, que l'amitié l'emporte sur la conscience (*a*). Ce n'est pas non plus sans quelque fondement que les anciens Romains vouloient que les témoins fussent riches, sur-tout s'il s'agissoit d'une affaire de grande importance (*b*).

Enfin quant à la troisieme espece de serment, il se fait ou par une convention entre les parties, ou par ordre du Juge (*c*). Car, quand deux personnes sont en dispute sur quelque chose, que l'une prétend lui être due, & qu'il n'y a pas des preuves suffisantes, le demandeur peut *déférer* le serment à l'autre, avec promesse de se désister de ses prétentions, si celui-ci jure qu'il ne lui doit rien. Que si le défendeur craint de ne pouvoir jurer en conscience, comme par exemple, s'il s'agit d'une dette d'autrui dont il est effectivement responsable, supposé qu'elle soit réelle; il peut *référer* le serment, promettant à son tour, de payer si l'autre jure que cela lui est bien dû (*d*).

____

(*a*) Digest. Lib. XXII. Tit. V. *De Testibus*, Leg. III.
(*b*) Ibid.
(*c*) Digest. Lib. XII. Tit. II. *De Jurejurando.* Voyez aussi Domat, I. Part. Liv. III. Tit. VI. Sect. VI.
(*d*) Digest. ibid. Leg. XXXIV. §. 6, 7. & Leg. XXXVIII.

La pareſſe ou l'ignorance des Juges eſt la cauſe d'un très-grand abus, que l'on fait aujourd'hui de cette troiſieme eſpece de ſerment dans les Tribunaux de Juſtice. Si les preuves qu'on appelle *rigoureuſes*, ne ſont plus qu'évidentes, nos Juges déferent ou permettent qu'une des parties défere très-légérement le ſerment à l'autre. Les perſonnes qui ſont pénétrées de la religion du ſerment, & qui n'oſent y venir qu'à la derniere extrémité, ſont ſouvent la dupe de l'ignorance & de la pareſſe des Juges, qui par un examen approfondi à l'aide d'une fort petite doſe de ſens commun, des preuves rigoureuſes, & même non rigoureuſes, dont les lois nous permettent de faire uſage dans les cas de peu d'importance, pourroient très-aiſément découvrir la vérité. Mais comme ils trouvent que le ſerment eſt une voie fort ſimple & qui ne demande point d'application & de travail, ils la préferent ; & celui qui ne ſe fait point de peine de ſe parjurer, eſt ſûr de gagner les procès les plus déſeſpérés. Juriſprudence horrible, & de l'exiſtence de laquelle je n'aurois jamais pu me perſuader, ſi je n'en avois pas été moi-même la victime. Mes raiſons auroient frappé les Juges les plus ſtupides. Ma partie me défere le ſer-

ment

ment du moment qu'elle paroît pour la premiere fois en juſtice : les Juges, charmés de la facilité que ma partie leur offroit de vuider la querelle, m'obligent au ferment. J'eus horreur de jurer pour une bagatelle, malgré la certitude & l'évidence même de ma cauſe : je réfere le ferment ; ma partie ſe montre prête à le faire ; là-deſſus je ſuis condamné. Il faut avouer que c'eſt une maniere bien aiſée d'expédier les procès.

Les devoirs des hommes à l'égard du ferment, font 1°. qu'il ne faut jamais prêter ferment qu'avec une grande circonſpection & avec une attention toute particuliere à la ſainteté de cet acte & au reſpect qu'il exige. 2°. Il ne faut jamais jurer témérairement & ſans une grande néceſſité ; car comme le ferment eſt le lien le plus ſacré & le plus reſpectable, il ne faut l'employer que dans les affaires de la derniere importance, ou dans le cas de néceſſité. 3°. A plus forte raiſon la loi naturelle condamne-t-elle le mauvais uſage que pluſieurs font du ferment, en le faiſant intervenir à tout propos dans les diſcours ordinaires. 4°. En particulier l'uſage ordinaire du ferment ne convient point aux Princes. Car premiérement, il n'y a perſonne qui ait plus d'intérêt qu'eux, que l'on regarde leur simple parole comme sacrée & inviolable : & d'ailleurs, il est au-dessous de leur caractere & de leur haut rang de rien faire qui suppose qu'on puisse seulement les soupçonner de mensonge, de fraude ou de perfidie. 5°. Il ne faut jamais jurer que par le nom de Dieu. 6°. Il faut inviolablement dire la vérité en jurant, & tenir toutes les promesses & les conventions faites avec serment. 7°. Enfin, il ne faut pas abuser du serment, pour intimider les consciences foibles & timorées. Voyez sur cette Leçon Domat, *Lois civiles*, &c. I. Part. Liv. III. Tit. VI. Sect. VI. Puffendorf, *Droit de la Nature & des Gens*, Liv. IV. chap. II.

LEÇON XXV.

Droit des hommes sur les biens de la terre:
origine & nature de la propriété.

PErfonne ne peut refufer à l'homme le droit naturel de pourvoir à fa confervation : ce premier droit n'eft en lui-même que le réfultat d'un premier devoir qui lui eft impofé fous peine de douleur & de mort. Sans ce droit, fa condition feroit pire que celle des animaux ; car ils en ont tous un femblable. Or il eft évident que le droit de pourvoir à fa confervation , renferme le droit d'acquérir par fes recherches & fes travaux, les chofes utiles à fon exiftence, & celui de les conferver après les avoir acquifes. Il eft évident que ce fecond droit n'eft qu'une branche du premier ; on ne peut pas dire avoir acquis ce qu'on n'a pas le droit de conferver ; ainfi le droit d'acquérir & le droit de propriété ne forment enfemble qu'un feul & même droit, mais confidéré dans des temps différens.

C'eft donc de la Nature même que chaque homme tient la propriété exclu-

sive de ce qu'il a acquis pour sa conservation par ses recherches & ses travaux.
Je dis la propriété *exclusive*, parce que
si elle n'étoit pas exclusive, elle ne seroit
pas un droit de propriété. Si chaque homme ne possédoit pas ce dont il a besoin
pour sa conservation, exclusivement à tous
les autres hommes, il faudroit que les
autres hommes y eussent un droit semblable au sien ; dans ce cas on ne pourroit
pas dire qu'un homme a le droit naturel
de pourvoir à sa conservation ; lorsqu'il
voudroit user d'un tel droit, les autres auroient aussi le droit de l'en empêcher ; son
prétendu droit seroit donc nul ; car un
droit n'est plus un droit, dès que les droits
des autres ne nous laissent pas la liberté
d'en jouir.

Les hommes exercent ce droit ou sur
les végétaux ou sur les animaux. A l'égard
des végétaux & des autres choses desti-
tuées de sentimens, il n'y a nulle difficulté ; les hommes peuvent sans contredit
en disposer à leur gré. Car outre que la plupart de ces choses ne seroient pas venues
en nature sans le travail & l'industrie des
hommes, on ne sauroit s'imaginer avec
la moindre apparence de raison, qu'en
les consumant on leur cause aucune douleur, ou aucun dommage ; & d'ailleurs

elles n'auroient pas laiſſé d'être détruites ſans cela , ou par les bêtes , ou par le retour de la ſaiſon peu favorable à la conſervation des végétaux. Ajoutons encore que lorſque les fruits de la terre ſont parvenus à leur maturité , ils périſſent ; & qu'ainſi la nature les auroit produits en pure perte.

Mais pour les animaux, qui ſont des êtres doués de ſentiment, & auxquels on cauſe de la douleur quand on les tue., il ſemble d'abord qu'il y ait quelque cruauté à le faire. Cependant ſi l'on examine la choſe de plus près, on reconnoîtra aiſément que l'homme peut innocemment tuer les animaux, & s'en ſervir pour ſon uſage. Car il eſt certain que ſi l'on ne tuoit point de bêtes , elles ſe multiplieroient à tel point , que leur nombre deviendroit funeſte aux hommes , ſoit par rapport à leurs perſonnes, ſoit par rapport aux fruits de la terre, comme l'on peut s'en aſſurer par l'expérience. Voyez Exod. XXIII. v. 29. Deut. VII. v. 22. Gaſſendi, *Synt. Ph. Epic.* Part. III. chap. 27. Burlamaqui, Tom. IV. pag. 191. & ſuiv.

Mais quoique l'homme puiſſe innocemment & conformément aux vues de Dieu, tuer les animaux & s'en ſervir, il doit pourtant garder en cela quelques ména-

gemens néceffaires. Premiérement nous
ne devons ufer de ce droit que nous
avons fur les animaux, qu'avec une fage
modération, dans les termes de nos befoins & d'un agrément raifonnable, évi-
tant d'ailleurs toute efpece de cruauté.
Car on ne fauroit douter que l'abus du
pouvoir qu'on a fur les bêtes, & principalement s'il fe trouve accompagné d'une
cruauté infenfée, ne foit très-condamna-
ble. C'eft apparemment ce que vouloit
dire Marc Antonin dans ce beau paffage
de fes réflexions. « Sers-toi de tous les
» animaux, & en général de toutes les
» autres chofes; fers-t'en, dis-je, noble-
» ment & librement, comme un homme
» qui a de la raifon doit fe fervir de ce
» qui n'en a point. Mais pour les hom-
» mes, fers-t'en felon les lois de la fo-
» ciété, comme on doit fe fervir des êtres
» raifonnables (*). » Cette modération
eft d'autant plus néceffaire, que l'on a
remarqué dans tous les temps que le plaifir cruel de maltraiter & de faire fouffrir
les animaux fans néceffité, accoutume infenfiblement les hommes à la cruauté envers leurs femblables. Les difciples de

----

(*) Lib. VI. cap. XXIII.

Pythagore, en traitant avec douceur les bêtes, s'accoutumoient à aimer les hommes, & à avoir pour eux des sentimens de compassion (*).

Il faut sur-tout prendre garde de ne pas exercer le droit que l'on a sur les animaux, d'une maniere qui tourne au préjudice des autres hommes. Il y a, par exemple, une souveraine injustice à ravager sans scrupule les campagnes & les fruits de la terre pour chasser plus agréablement. Car il est de l'intérêt des sociétés civiles que les citoyens ne fassent pas un mauvais usage de leurs biens ; de même lorsqu'on tue les bêtes sans la moindre nécessité & par pur caprice, on cause en quelque façon du dommage à toute la société humaine, & l'on outrage en même-temps le Créateur, à la libéralité de qui on est redevable d'une faveur aussi considérable, que le droit que l'on a sur les autres créatures.

L'homme peut faire usage du droit qu'il a de se servir des biens de la terre, en deux manieres : ou en s'attribuant à lui seul une chose à l'exclusion de tout autre ; ou de façon que les autres puissent s'en servir

***

(*) Voyez Porphyr. *de Abstinentia*, Lib. III. cap. XX.

C iv

conjointement avec lui. De-là la *propriété* & la *communauté*. La propriété est un droit en vertu duquel une chose nous appartient, de telle sorte que nous pouvons nous en servir & en disposer comme il nous plaît, & à l'exclusion de tout autre. La communauté est ce droit par lequel une chose appartient également à plusieurs, & à l'exclusion de tous les autres. On prend quelquefois le terme de communauté dans un autre sens, c'est-à-dire, par ce droit primitif & indéterminé que tous les hommes ont originairement de se servir des biens que la terre leur présente, tant que personne ne s'en est encore emparé. C'est de ces différens droits que vient la distinction que font les Jurisconsultes des choses qui en sont l'objet, en *propres*, *communes*, & *celles qui ne sont à personne*, mais qui peuvent appartenir au premier occupant.

Pour comprendre l'origine de la propriété, il faut remarquer qu'il existoit parmi les hommes une sorte de société universelle & tacite, dans laquelle chacun avoit des devoirs & des droits essentiels. Cette société primitive existoit par la seule connoissance du besoin que les hommes avoient les uns des autres, & de la nécessité où ils étoient de s'imposer des

devoirs réciproques pour s'assurer des
droits réciproques qui intéressoient leur
exiftence. Dans ce premier état, les hommes venant à fe multiplier, les productions gratuites & fpontanées de la terre
font bientôt devenues infuffifantes ; & ils
ont été forcés d'être cultivateurs. Alors
il a fallu que les terres fe partageaffent,
afin que chacun connût la portion qu'il
pouvoit cultiver. De la néceffité de la
culture a réfulté la néceffité du partage
des terres, celle de l'inftitution de la propriété fonciere ; & le tout enfemble a
opéré la divifion de la fociété univerfelle
en plufieurs fociétés particulieres & con-
ventionnelles.

En général, avant qu'une terre puiffe
être cultivée, il faut qu'elle foit défri-
chée, qu'elle foit préparée par une multitude de travaux & de dépenfes diverfes
qui marchent à la fuite des défrichemens ;
il faut enfin que les bâtimens néceffaires à
l'exploitation foient conftruits, par conféquent que chaque premier cultivateur
commence par avancer à la terre des richeffes dont il a la propriété. Or comme
ces richeffes incorporées, pour ainfi dire,
dans les terres, ne peuvent plus en être
féparées, il eft fenfible qu'on ne peut fe
porter à faire ces dépenfes, que fous la

condition de refter propriétaire de ces terres ; fans cela la propriété de toutes les chofes ainfi dépenfées, feroit perdue. Cette condition a même été d'autant plus jufte dans l'origine des fociétés particulieres, que les terres étoient fans valeur vénale & fans prix avant que les dépenfes les euffent rendues fufceptibles de culture.

Lors donc qu'une perfonne s'appliquoit à cultiver une portion de terrein, il étoit cenfé vouloir s'en approprier les productions, dont la plus grande partie n'étoient dues qu'à fon travail. Le filence des autres étoit regardé comme une approbation tacite. Car toute propriété demandoit néceffairement une convention expreffe ou tacite entre le nouveau propriétaire & les autres perfonnes qui par une fuite néceffaire de la communauté primitive, avoient droit aux productions fpontanées du terrein tombé en propriété du cultivateur.

Par ce que nous venons de dire, l'on voit que ceux qui nous donnent pour fondement de la propriété la prife de poffeffion, ne remontent pas à la vraie origine. En effet, tant que la communauté fubfiftoit, on n'étoit pas le maître de s'emparer d'un bien qui appartenoit aux autres tout comme à foi. Et quel

droit auroit-il eu le lendemain d'en exclure celui qui venoit pour y ramasser sa
subsistance ? Le jour auparavant il jouis-
soit du droit que le Créateur lui avoit
accordé ; droit que personne ne pouvoit
lui contester : aujourd'hui il se trouve dé-
chu de ce droit ; & pourquoi ? par la prise
de possession, dit-on, c'est-à-dire, parce
qu'un autre s'en est emparé. Ainsi, dire
qu'on acquiert le droit de propriété d'une
chose parce qu'on l'occupe, c'est la même
chose dans le fond que de dire qu'on acquiert le droit d'une chose parce qu'on
s'en empare. Répondre qu'on s'en empare
parce qu'elle n'est à personne, c'est ne
faire point de cas de la communauté primitive. Il est vrai que les fonds dans
cette communauté n'appartenoient à personne en particulier, mais l'usufruit appartenoit également & à ceux qu'on en
veut exclure, & à celui qui s'en est emparé. Or dès qu'on s'approprie le fond,
on refuse l'usufruit ; ce qui demande nécessairement une convention expresse ou
au moins tacite.

Au reste, il faut avouer que s'il n'y a
personne qui s'oppose à la propriété d'un
fonds, la simple prise de possession peut
donner un droit de propriété ; car, par
là même qu'il n'y auroit personne qui s'y

oppofât, il s'enfuit manifeftement que le bien occupé n'étoit néceffaire à perfonne, & que celui qui s'en empare peut en tirer feul fa fubfiftance, fur-tout s'il le cultive & qu'il en jouiffe pendant un certain temps fans oppofition; puifque dans ce cas le confentement tacite de la fociété univerfelle, & la prefcription lui en affurent pleinement le droit. Mais lorfque l'on cherche l'origine & le fondement de la propriété, il ne faut pas fuppofer un homme ifolé, mais un homme vivant avec les autres hommes en fociété naturelle, & ufant des biens de la terre en commun. Je dis que l'origine de la propriété fut la néceffité de la culture des terres, lorfque le genre humain fe multiplioit au point de ne pouvoir plus fubfifter des productions fpontanées de la terre, & que les premiers cultivateurs eurent befoin du confentement exprès ou tacite des autres pour entreprendre la culture des terres qui devoit leur en procurer la propriété. Tout occupant, fans un confentement exprès ou tacite, auroit été un ufurpateur; parce qu'il auroit agi contre l'intention de Dieu, & par conféquent avec injuftice. Voyez fur cette queftion BURLAMAQUI, Tom. IV. pag. 209. & fuiv.

'Afin qu'une chose soit susceptible de
propriété, il faut 1°. qu'elle soit de nature à être possédée d'une maniere ou
d'une autre; car le but de la propriété
consiste dans la possession. 2°. Il faut que
l'on soit à portée de s'emparer de cette
chose & de la garder; autrement toutes
les prétentions qu'on voudroit avoir sur
elle, seroient inutiles. Puffendorf exige
outre cela deux autres conditions. La premiere, que les choses dont on veut acquérir la propriété, soient de quelque
usage; la seconde, qu'elles ne soient pas
par elles-mêmes d'un usage inépuisable.
Car ce seroit un plaisir bien cruel, si pour
nous le procurer, nous nous approprions
une chose qui nous est absolument inutile; & qui pouvoit être de quelque utilité aux autres; & que nous voulussions
nous en emparer uniquement pour l'avoir,
n'ayant d'autre réponse à donner à celui
qui dans l'établissement de la société nous
l'auroit demandée pour lui, en nous re-
présentant qu'elle nous est inutile, &
qu'elle lui est avantageuse : *que vous importe donc, si je veux l'avoir?* «À cela, ajoute
» Barbeyrac, il n'y a point de répli-
» que (*)». Il me semble que les devoirs

(*) Note I. sur Puffendorf, Liv. IV. ch. V. §. 1.

de l'humanité y repliquent affez. Voyez
BURLAMAQUI, Tom. IV. pag. 229. &
fuiv.

Il refte encore une queftion à examiner, favoir, fi l'établiffement de la propriété des biens eft avantageux au genre
humain, ou s'il auroit mieux valu pour
les hommes qu'ils demeuraffent dans la
communauté primitive ? Je réponds, que
depuis la multiplication du genre humain,
l'établiffement de la propriété des biens
étoit abfolument néceffaire au bonheür
des particuliers, au repos & à la tranquillité publique. Car 1°. une communauté univerfelle des biens qui auroit pu
avoir lieu entre des hommes parfaitement
équitables & libres de toute paffion déré-
glée, ne fauroit être qu'injufte, chimé-
rique, & pleine d'inconvéniens entre des
hommes faits comme ils le font. 2°. Dans
une communauté de toutes chofes, chacun étant obligé de rapporter à la maffe
commune tout le fruit de fon induftrie &
de fon travail, il y auroit des difputes
fans nombre fur l'égalité du travail, &
de ce que chacun confumeroit pour fon
ufage. 3°. Si chacun pouvoit trouver dans
le fonds commun ce qu'il lui faut pour fa
fubfiftance, la plupart des hommes comptant fur le travail d'autrui, fe livreroient

à la pareffe & à l'oifiveté ; & ainfi on manqueroit bientôt du néceffaire & de l'utile. 4°. Si tout étoit commun, il n'y auroit plus de befoins ; & s'il n'y a plus de befoins, il n'y aura plus d'arts, plus de fciences, plus d'inventions. 5°. En fuppofant au contraire, la propriété, chacun prend foin de ce qui lui appartient : tous font excités au travail ; & les avantages que chacun retire de fon application & de fon induftrie donnent la naiffance aux arts, aux fciences, aux inventions les plus utiles & les plus commodes. 6°. Enfin, la communauté produifant une égalité de poffeffions & de richeffes, elle établit auffi une égalité entiere dans les conditions ; mais cela banniroit toute fubordination, réduiroit les hommes à fe fervir eux-mêmes, & à ne pouvoir être fecourus les uns des autres. Ainfi tariroit la principale fource du commerce mutuel d'offices & de fervices ; & les hommes fe trouveroient dans une telle indépendance les uns des autres, qu'il n'y auroit prefque plus de fociété entr'eux.

La propriété produit encore un plus grand avantage ; je veux dire celui de nous mettre à portée de fatisfaire les plus nobles affections de l'ame. Si les dons de la fortune étoient communs, quelle occafion la générofité, la bienfaifance, la charité, auroient-elles de fe fignaler ? Les nobles principes manquant d'objets fur lefquels ils puffent s'exercer, refteroient à jamais dans l'inaction. Or que feroit l'homme fans eux ? Une vile créature, diftinguée à la vérité des brutes par fa conformation extérieure ; mais d'une nature peu relevée au-deffus de celle de ces mêmes brutes. La reconnoiffance & la compaffion pourroient agir quelquefois ; mais dans l'état préfent des chofes, ces fentimens ont beaucoup plus d'activité. Les principes de l'homme font adoptés avec une fageffe infinie aux circonftances extérieures de fa condition, & ces principes réunis forment une conftitution réguliere, où l'harmonie regne dans toutes les parties.

Rien n'étoit donc plus conforme à la droite raifon, & par conféquent au droit naturel, que l'établiffement de la propriété des biens, puifque fans cela il auroit été impoffible que les hommes vécuffent dans une fociété paifible, commode & agréable.

Malgré toutes ces raifons, Platon, Thomas Morus, & Thomas Campanella, ont voulu introduire la communauté des biens. Mais il eft facile d'imaginer & de ſuppoſer les hommes parfaits; la queſtion eſt d'en trouver de tels. On a beau dire que le *mien* & le *tien* ſont la cauſe de toutes les guerres; il eſt certain au contraire, que le *mien* & le *tien* ont été introduits pour éviter les conteſtations. D'où vient que Platon lui-même l'appelle la pierre qui marque les limites du champ, une choſe ſacrée *qui ſépare l'amitié & l'inimitié* (*). Ce qui donne lieu à une infinité de querelles & de diviſions, c'eſt l'avarice & l'avidité des hommes, qui les portent à franchir ſans retenue les bornes du *mien* & du *tien*, réglées ou par les conventions particulieres, ou par des lois. Voyez ſur cette Leçon BURLAMAQUI, Tom. IV. Part. IV. chap. VII. & VIII. Puffendorf, Liv. IV. chap. III. IV. & V. Locke, *Gouvernement civil*, chap. IV. Edit. d'Amſterdam, 1755. &c.

____

(*) De Leg. Lib. VIII.

LEÇON XXVI.

*Différentes manieres d'acquérir la propriété
des biens : Teſtament, ſucceſſion ab inteſtat, preſcription, &c.*

LEs manieres d'acquérir la propriété
des biens ne ſont autre choſe que
différens actes, au moyen deſquels on
acquiert la propriété des choſes, en vertu
de quelque loi ou naturelle ou civile. On
les diſtingue différemment. Les unes ſont
originaires & primitives, les autres ſont
dérivées. Les premieres ſont celles par leſquelles on acquiert la propriété d'une
choſe, qui n'étoit encore à perſonne. Les
autres ſont celles qui font paſſer d'une perſonne à l'autre la propriété déjà établie.

Il y a des manieres d'acquérir principales, par leſquelles on acquiert la propriété du fond & de la ſubſtance même des
choſes ; & des manieres acceſſoires, par
leſquelles on acquiert un ſimple accroiſ-
ſement ſurvenu à une choſe qui nous appartenoit déjà.

Enfin, il y a des manieres d'acquérir
naturelles & civiles. L'acquiſition natu-

rellé eft celle qui fe fait en vertu du droit
naturel, ou par la feule volonté de l'ac-
quéreur à l'égard des chofes qui n'appartiennent à perfonne; ou par le feul confentement naturel de celui qui transfere la
propriété & de celui qui l'acquiert, en
matiere de chofes qui appartenoient déjà
à quelqu'un. L'acquifition civile eft au
contraire celle qui fe fait en vertu de
quelque loi civile, c'eft-à-dire, qui transfere la propriété fans un confentement
particulier du propriétaire, ou qui demande quelque chofe de plus qu'un fimple
confentement des parties. L'on trouve
cette divifion dans les *Inftitutes. Quarumdam enim rerum dominia nancifcimur jure
naturali..... quarumdam jure civili.* (*)

Nous avons remarqué dans la Leçon
précédente, que les hommes ayant jugé
à propos d'abolir la communauté primitive, convinrent d'affigner à chacun fa
part de ce qui étoit auparavant en commun, diftribution qui fe fit ou par l'autorité des peres de famille, ou par un
accord; ou par le fort, ou en donnant le
choix de ce qu'on avoit à partager. Toutes
les autres chofes qui n'entrerent point

(*) Instit. Lib. II. Tit. I. §. 4.

dans ce premier partage, furent laissées
à la jouissance vague & commune ou abandonnées au *premier occupant :* c'est-à-dire,
à celui qui s'en empareroit avant les autres. Il faut donc remarquer que les biens
de terre dont personne ne s'étoit emparés,
après ce premier partage, n'appartenoient
à personne : tous les hommes, alors exis-
tans, étoient censés posséder en propre
les terres nécessaires à leur subsistance ;
ce qui est bien différent des biens laissés
dans la communauté primitive, qui étant
à tous, tous y avoient droit ; tellement
que personne ne pouvoit s'emparer de
la moindre partie, sans le consentement
des autres.

D'où il paroît dans quel sens on dit des
choses, qu'elles ne sont à personne ; ce
sont celles qui après l'introduction de la
propriété, ont été abandonnées ou laissées
à la jouissance commune jusqu'à l'arrivée
d'une personne qui en eût besoin. Le droit
de premier occupant est fondé & tire toute
sa force d'un consentement tacite des autres hommes, qui en laissant à l'abandon
certaines parties de la terre, ont consenti
par cela même, qu'elles appartiendroient
à ceux qui viendroient après eux, & qui
en auroient besoin. Le droit *de premier
occupant* n'exclut pas ainsi le consentement

tacite des premiers propriétaires, qui en s'appropriant ce qui leur convenoit, ont renoncé au droit fur le refte, en faveur de ceux qui, ne s'étant pas trouvés au premier partage, auroient pu en avoir befoin dans la fuite.

On fe rend maître par droit de premier occupant, ou des chofes *mobiliaires* ou des *immeubles.* Les *immeubles* font toutes les chofes qu'on ne fauroit tranfporter d'un lieu à un autre fans les détruire; comme les différentes parties de la furface de la terre, les places pour les bâtimens, les bois, prés, champs, vignes, & tout ce qui eft adhérent à la furface de la terre; ou par la nature, comme les arbres, les plantes; ou par la main des hommes, comme les bâtimens. Enfin, tout ce qui tient aux bâtimens, comme ce qui eft attaché à fer, plomb, plâtre ou autrement à perpétuelle demeure.

Pour les meubles ou chofes mobiliaires, ce font toutes celles qui peuvent être tranfportées en entier d'un lieu à un autre, & qui font féparées de la terre, comme les arbres coupés ou tombés, les fruits cueillis, les pierres tirées des carrieres. Les animaux font appellés meubles vifs ou animés; & tous les autres font des meubles morts.

On se rend maître par la prise de possession, des pays déserts que personne ne s'est encore appropriés, & cela dans toute l'étendue dont on est en possession. Mais la sociabilité & l'égalité naturelle veulent que l'on mette des bornes à ses prétentions, & qu'on ne les pousse pas à l'infini.

Aujourd'hui les droits de chasse & de pêche sont mis au nombre des droits de régale ; ils appartiennent au souverain, & les particuliers ne peuvent les exercer qu'autant qu'il le leur permet. Les bêtes sauvages sont donc censées appartenir au Souverain, autant du moins qu'elles sont dans ses terres : car celles qui sont dans les forêts d'un pays peuvent passer dans les forêts d'un autre, où l'on n'a pas droit de les aller réclamer.

On peut encore acquérir par droit de premier occupant les choses qu'un propriétaire a abandonnées, avec le dessein de ne les plus tenir pour siennes. Ces sortes de choses abandonnées, ayant appartenu en propre à quelque particulier, ne peuvent pas être censées entrer dèslors dans le domaine de l'état : mais il est naturel de les regarder comme n'appartenant à personne ; & par conséquent comme étant au premier occupant, à moins que les lois ne défendent aux particuliers de se les approprier.

Mais hors les cas dont nous venons de parler, quoiqu'on ne soit plus en possession d'une chose, on n'en perd pas pour cela la propriété, malgré soi. Au contraire, on conserve toujours le droit de recouvrer son bien, tant qu'on n'y a pas renoncé, ou d'une maniere expresse ou d'une maniere tacite; à moins que ce ne soit en forme de punition, ou par une suite de la guerre.

Mais comme il étoit nécessaire que la propriété une fois introduite, passât quelquefois des uns entre les mains des autres, c'est ce qui a donné lieu aux manieres dérivées d'acquérir la propriété. Toutes les acquisitions dérivées ont leur fondement dans le concours de la volonté du propriétaire, qui transfere son droit, & de celui à qui on le transfere & qui accepte.

En effet, le droit que donne la propriété, ou le pouvoir du propriétaire de disposer de son bien à sa volonté, semble consister principalement dans la liberté de transférer ou de céder à autrui, quand il le juge à propos, les choses qui lui appartiennent, soit pour en acquérir par ce moyen d'autres, qui l'accommodent mieux, ou simplement pour avoir occasion d'obliger quelqu'un. Or tout transport de quelque droit, ou de quelque chose, supposant deux personnes, l'une qui transfere, & l'autre à qui l'on transfere, il faut nécessairement le concours de deux volontés : l'une qui donne & l'autre qui accepte; car l'idée de l'aliénation emporte à la vérité principalement, que la chose aliénée est transportée à autrui du consentement du propriétaire, & non par l'effet d'une pure violence; mais d'autre côté, il ne seroit pas convenable de faire prendre à quelqu'un, malgré lui, ce qui est naturellement séparé de sa personne.

Dans la société civile, le seul consentement des parties ne suffit pas toujours pour transférer la propriété : il faut, outre cela, quelques formalités, dont le défaut peut faire déclarer l'acte nul. Quelquefois aussi la propriété passe de l'un à l'autre sans le consentement du propriétaire; & c'est ce qui donne lieu à la distinction que nous avons faite d'acquisition naturelle & d'acquisition civile.

On peut juger par ce que nous venons de dire, si la délivrance de la chose est nécessaire par le droit naturel pour le transport de la propriété. La délivrance

de

de la chose étant en elle-même un acte purement corporel & physique, elle ne sauroit transférer la propriété qu'en tant que le propriétaire donne par là à connoître quelle est son intention. D'où il suit que tout autre signe, qui marque d'une maniere également précise cette intention, peut produire le même effet. D'ailleurs, la propriété étant un pouvoir moral, on ne sauroit concevoir que pour l'obtenir, il faille une action physique, telle que la délivrance de la chose. Cependant, comme la maniere la moins équivoque de faire connoître l'intention où l'on est de transférer à quelqu'un la propriété d'une chose, c'est de s'en dessaisir, & de s'en dépouiller en sa faveur, on peut dire que la délivrance actuelle de la chose est un moyen très-propre par lui-même à transférer la propriété.

Après ces principes généraux, il faut remarquer que les acquisitions dérivées se font, ou par des actes *entre vifs*, ou qu'elles ont leur effet *en cas de mort*. La premiere espece renferme toutes les conventions, tous les contrats où il entre quelque aliénation de propriété : & c'est de quoi nous traiterons plus particuliérement dans la suite. L'autre comprend les testamens & les successions *ab intestat.*

Un *teſtament* eſt un acte par lequel un propriétaire déclare qui ſont ceux à qui il deſtine ſes biens, & à qui il veut qu'ils appartiennent après ſa mort, ſe réſervant cependant, avec la poſſeſſion & la jouiſſance, le pouvoir de révoquer l'aliénation & de diſpoſer autrement de ſes biens avant ſon décès.

Le pouvoir de diſpoſer de ſes biens par un teſtament, eſt une ſuite naturelle du droit de propriété, & de l'ordre de la ſociété. Car 1°. tout le monde tombe d'accord que chacun peut entre vifs, & comme de la main à la main, transférer à autrui, ou abſolument ou ſous de certaines conditions le droit de propriété qu'il a ſur ſes biens. Et ſi cela eſt, pourquoi ne ſeroit-il pas permis en cas de mort? 2°. La deſtination qu'un propriétaire fait de ſes biens à ſon héritier, lui acquiert donc quelque droit, du vivant même du teſtateur: & ſi celui-ci perſévere dans ces mêmes intentions juſqu'à ſa mort, & que l'héritier l'accepte, le tranſport de propriété devient parfait ; & perſonne ne pourroit ſans injuſtice s'emparer des biens du défunt, au préjudice de l'héritier. 3°. Si les biens d'un chacun demeuroient après ſa mort au premier occupant, & pour ainſi dire au pillage, ce ſeroit une ſource

de défordres, de querelles & d'inconvéniens. On verroit fouvent des enfans, ou
d'autres perfonnes, à la fubfiftance def-
quelles le défunt étoit tenu de pourvoir
pour quelque obligation naturelle, privés
de ce qu'il leur deftinoit, après l'avoir
acquis par fon travail, & confervé par
fes foins.

Ajoutons encore une raifon. Si un propriétaire comme tel a droit de difpofer
de fes biens comme il le juge à propos,
pendant fa vie; je dis, qu'il doit jouir du
même droit, en tant que propriétaire,
à fa mort. Car il difpofe de fes biens en
vie, parce qu'il en eft le maître; or il eft
auffi maître de fon bien quelques minutes
avant fa mort. En effet, il peut très-bien
arriver qu'un propriétaire, difpofant de
quelque partie de fes biens, lorfqu'il penfe
le moins de mourir, eft faifi tout-à-coup
d'une maladie mortelle, qui l'emporte
quelques minutes après la donation faite.
Dira-t-on que cette donation n'eft valable
que par les lois civiles! Toute la différence du cas que nous venons de rapporter d'avec celui d'un teftateur, c'eft
que celui-ci eft prefque fûr de fa mort
prochaine; au lieu que l'autre n'y penfe
point. Or, être fûr de fa mort prochaine,
ou fe la figurer éloignée, ce font des cir-

conſtances qui ne doivent ni donner ni ôter aux hommes un droit naturel.

C'eſt ſur ces fondemens que la plupart des nations ont regardé la faculté de teſter comme un droit naturel & par lequel on ſe dédommageoit en quelque ſorte de la néceſſité où l'on eſt d'abandonner ſes biens par la mort. Plutarque, après avoir dit que le Légiſlateur Solon permit aux Athéniens de faire teſtament, il ajouté que par là « il rendit chacun véritable-» ment & pleinement maître de ſon » bien. » (a) On établit pour maxime dans le droit Romain, qu'il n'y a rien que les hommes puiſſent exiger plus raiſonnablement que d'avoir la liberté de diſpoſer de leurs biens pour la derniere fois, & que les autres doivent reſpecter cette diſpoſition. *Nihil eſt enim quod magis hominibus debeatur, quàm ut ſupremæ voluntatis, poſtquam aliud velle non poſſunt, liber ſit ſtylus, & licitum quod iterum non redit arbitrium.* (b)

On demande, ſi un teſtament doit être un acte révocable, ou irrévocable ? Je réponds, 1°. qu'il faut diſpoſer de ſes

---

(a) Vit. Solon.
(b) L. I. C. de SS. Eccl. lib. I. Tit. 2.

biens en homme fage, & que l'on ne doit pas changer de volonté légérement ou par caprice. 2°. Cependant, comme, quelque mûre délibération qu'on y apporte, on peut aifément fe tromper dans le choix de fes héritiers, ou fe laiffer prévenir par quelque perfonne rufée, ou même changer d'inclination, & que d'ailleurs il arrive quelquefois de ces cas imprévus, d'où il réfulteroit de grands inconvéniens fi la difpofition qu'on a une fois faite de fes biens, devoit fubfifter invariablement : il eft très-naturel qu'on ne fe lie pas les mains à foi-même, & que l'on établiffe pour regle, que la mort feule fixe entiérement la volonté du teftateur. 3°. Ainfi la maxime du Droit Romain paroît très-fage : *Ambulatoria eft voluntas defuncti ufque ad vitæ fupremum exitum.* (*)

Mais fi quelqu'un vient à mourir fans avoir difpofé de fes biens, à qui doivent-ils appartenir ? On ne fauroit préfumer que dans ces circonftances un propriétaire ait voulu abandonner fes biens au premier occupant, & les laiffer pour ainfi

---

(*) L. IV. D. *de adim. vel transf.* Leg. Digest. Lib. XXIV. Tit. 4.

dire, au pillage. Cela feroit également contraire, & à l'inclination générale des hommes, au bien des familles, & au repos du genre humain. Il eft donc plus raifonnable de penfer, que fi quelqu'un vient à mourir *ab inteftat*, fon intention eft que fes biens paffent aux perfonnes qui lui étoient les plus cheres, à en juger par les fentimens naturels des hommes, & même par leur devoir. C'eft fuivant ce principe qu'il eft établi chez la plupart des nations, pour regle de fucceffions *ab inteftat*, que les biens doivent paffer aux plus proches parens du défunt. La nature elle-même nous indique cette route. C'eft elle qui nous infpire l'inclination de pourvoir le plus avantageufement qu'il eft poffible aux befoins & aux intérêts de notre famille; nous fouhaitons tous de la laiffer dans un état floriffant.

Le devoir fe joint à l'inclination à l'égard des enfans, dont l'éducation & la nourriture eft fortement recommandée aux peres & aux meres par la nature elle-même, qui d'ailleurs leur infpire les fentimens de la plus grande tendreffe. Les enfans font donc les premiers, comme les plus proches héritiers d'une perfonne qui meurt *ab inteftat*. C'eft ce que les Jurif-confultes Romains ont bien fenti. *Cùm* *ratio naturalis, quasi lex quadam tacita, liberis parentum hæreditatem addiceret, velut ad debitam successionem eos vocando, propter quod & in jure civili suorum hæredum nomen introductum est, ac ne judicio quidem parentis, nisi meritis de causis summoveri ab ea successione possunt.* (*)

Il arrive souvent qu'il ne reste que quelque parent éloigné avec lequel le défunt n'a jamais eu de liaison particuliere, pendant qu'il doit toute sa fortune à un étranger. Peut-on douter qu'en ce cas le bienfaiteur n'ait été beaucoup plus cher au défunt, que le parent? Cependant, comme la comparaison qu'il auroit fallu faire entre le degré de parenté & le degré de reconnoissance, auroit fourni matiere à des procès bien embrouillés, on a trouvé bon parmi tous les peuples, d'établir qu'à moins que le défunt n'eût expressément préféré son bienfaiteur à ses parens (car en ce cas-là il est très - juste de se conformer à sa volonté), le parent le plus éloigné seroit préféré au bienfaiteur : d'autant plus que, si le contraire avoit lieu, les bienfaits se réduiroient à

____

(*) Digest. Lib. XLVIII. Tit. XX. *de bon. damnat.* Leg. VIII.

un commerce intéreſſé, où le bienfaiteur retireroit avec uſure ce qu'en apparence il auroit donné gratuitement. D'où il paroît que les maximes naturelles de la raiſon en décidant des ſucceſſions *ab inteſtat*, n'ont pas égard à la volonté préciſe du défunt, de laquelle ſouvent on n'eſt guere aſſuré, mais à celle que l'on ſuppoſe qu'il devoit avoir, ſelon l'inclination naturelle & les devoirs communs des hommes, & à ce qui eſt le plus propre au bien de la paix.

Ajoutons encore ici avec Grotius deux exceptions, qui empêchent que les enfans ne ſuccedent *ab inteſtat* aux biens de leur pere. L'une eſt, ſi l'on n'a pas des aſſuran-ces ſuffiſantes qu'ils ſoient véritablement ſes enfans : l'autre, s'il y a des preuves que le pere n'a pas voulu que ſon enfant héri-tât. (*) En effet, quant à la premiere ex-ception, on n'a pas une tendreſſe paternelle pour les enfans d'autrui, & les préſomp-tions de la volonté ceſſent du moment que le contraire paroît manifeſtement. Or on ne peut pas toujours prouver par des rai-ſons ou par des témoignages inconteſta-bles, qu'un tel eſt pere d'un tel ; comme

____

(*) Liv. II, chap. VII. §. 7 & 8.

l'on eſt aſſuré qu'une telle eſt mere d'un
tel. La principale preuve ſur quoi l'on
compte ici , c'eſt l'engagement du mariage , où la femme promet ſolennelle-
ment à ſon mari de n'accorder la jouiſſance de ſon corps à d'autres qu'à lui ;
& le mari d'autre côté, acquiert le droit
de diriger ſa femme & de veiller à ſa
conduite. Ainſi , on préſume toujours
qu'une femme n'a point violé la foi con-
jugale ; qu'un mari s'eſt ſervi de ſon pouvoir pour l'en empêcher , & que s'il a
apperçu l'infidélité de ſa femme, il a profité du bénéfice des lois, pour la conſtater.
De ſorte que chacun eſt en poſſeſſion de
paſſer pour le fils du mari de ſa mere , tant
que le contraire n'eſt pas démontré, ſuivant la ſage maxime des Romains. *Semper
certa eſt (mater) , etiamſi vulgo conceperit.
Pater verò is eſt quem nuptiæ demonſtrant* (*).

A l'égard de l'autre exception , elle a
lieu, ou lorſqu'un pere a chaſſé & comme
renoncé pour ſien un de ſes enfans, de
ſon vivant, ce qui s'appelle *abdication* ,
ou lorſqu'il l'a *déshérité* par ſon teſtament.
Le premier étoit fort en uſage parmi les

(*) Digest. Lib. II. Tit. IV. *De in jus vocando,*
Leg. V.

Grecs, & l'autre chez les Romains. C'eſt pourtant avec beaucoup de ſageſſe, que les lois romaines vouloient qu'un pere qui déshéritoit ſon enfant, en marquât expreſſément les raiſons, & que toutes ne fuſſent pas recevables. On donnoit même aux enfans une action qui s'appelloit *plainte d'inofficioſité* (*), par laquelle il faiſoit examiner en juſtice, non ſi le teſtateur avoit eu le pouvoir de donner ſes biens, pour de juſtes cauſes, à d'autres qu'à ſes enfans, mais ſeulement ſi les raiſons qui l'avoient porté à faire une diſpoſition ſi contraire aux ſentimens naturels étoient ſuffiſantes.

Le droit qu'on appelle *de repréſentation*, eſt fondé ſur ce que les peres & les meres ſont obligés de nourrir non - ſeulement leurs enfans, mais encore les enfans de leurs enfans, & ainſi de ſuite, ſi ceux-ci ſe trouvent orphelins. Le *droit* donc *de repréſentation* eſt celui par lequel les enfans entrent à la place de leur pere décédé, en ſorte qu'ils héritent de ce qui lui reviendroit, s'il étoit encore en vie; & qu'ainſi ils ſuccedent par tige conjointement avec ceux qui ſont au même degré

____

(*) Inofficioſi querela.

que le défunt : *Sine dubio nepos filii loco succedit (a).* En effet, il seroit bien triste que des enfans, qui se voient privés de leur pere , par une mort prématurée, fussent outre cela privés des biens qu'ils avoient lieu d'espérer par le bénéfice des lois, ou par la destination de leurs aïeux. Mais, comme je l'ai dit, ils succedent *par tiges ;* succession (*successio per stirpes*,) qui est distinguée de la *succession par têtes,* (*successio in capita,*) en ce que dans la derniere, chacun des cohéritiers a une portion égale; au lieu que dans l'autre plusieurs enfans n'ont tous ensemble qu'une portion de l'hérédité égale à celle qu'auroit eu leur pere, & à celle qu'ont chacun des autres cohéritiers qui sont au même degré qu'étoit celui qu'ils représentent. *Quotcumque autem nepotes fuerint , ex uno filio , pro uno filio numerantur (b).*

Disons ici quelque chose de la légitime des enfans. La *légitime* est une portion assurée par la loi sur la part héréditaire que l'on auroit eu sans les dispositions entre vifs ou testamentaires qui ont donné atteinte à cette part. Papinien dit que la

---

(*a*) Digest. Lib. I. Tit. VI. *De his qui sui vel alieni juris sunt ,* Leg. VII.
(*b*) Loc. cit. Leg. II. §. 7.

légitime eſt *quarta legitimæ partis* ; ce qui nous indique l'origine de la légitime. La légitime des enfans n'étoit dans l'ancien Droit Romain que d'un quart de la portion qu'ils devoient avoir ab inteſtat : *quarta debita portionis*. Juſtinien l'augmenta, mais modérément. Nos coutumes l'ont fait monter juſqu'à la moitié des biens paternels & maternels (*a*) ; ainſi nous ne devons pas être ſurpris ſi nos enfans ſe regardent de fort bonne heure maîtres des biens paternels & maternels, au grand préjudice de leur éducation.

Mais la légitime eſt-elle de droit naturel ? Si nous prenons ce mot à la rigueur, c'eſt-à-dire, pour la quatrieme partie des biens dûs à l'héritier préſomptif, il eſt clair, que comme elle tire ſon origine de la loi civile, elle n'eſt point due au droit naturel. Mais ſi par *légitime* on entend la nourriture qu'un pere & une mere doivent à leurs enfans, Grotius ſemble pencher pour l'affirmative ; « parce qu'elle renfer- » me, dit-il, une portion de biens nécef- » ſaires à leur entretien (*b*). » Mais un pere eſt-il obligé par droit naturel de nourrir

---

(*a*) Coutume du Pays de Vaud, par Boive, Tom. I. pag. 53.

(*b*) Liv. II. chap. VII. §. IV. n. 5.

ses enfans toute leur vie ? Après que le pere a élevé ses enfans, & qu'il les a mis en état de gagner leur vie, je ne vois pas que le droit naturel lui prescrive d'autres obligations envers ses enfans, & il peut disposer alors de ses biens en faveur des personnes qui lui sont les plus cheres : de sorte que si ses enfans n'ont pas gagné son amitié par les égards qui par droit naturel lui étoient dûs, le pere peut les priver entiérement, suivant le droit naturel, de ses biens, & en disposer en faveur de toute autre personne. Si les enfans héritent de leurs peres, ce n'est pas tant en vertu d'une loi expresse du droit naturel, que parce qu'ordinairement il n'y a personne pour qui les peres & meres s'intéressent plus que pour leurs enfans. Mais si les enfans manquent à ce qu'ils doivent par droit naturel aux peres & meres, jusqu'à éteindre chez ceux-ci cette amitié qui les faisoit intéresser pour le bonheur de leurs enfans, je ne vois aucun principe du droit naturel, d'où on puisse tirer l'obligation des parens à disposer de leurs biens en faveur de leurs enfans, en les regardant comme s'ils ne leur appartenoient point.

Au reste, la nature de mes raisons fait voir que je parle des enfans en âge & en

état de fe procurer par eux-mêmes leur
entretien, & qui ont pu par leur mauvaife conduite défobliger leurs parens.
Ainfi que l'obligation de la légitime eft
entiérement fondée fur le droit civil, qui
pour le bien des enfans eux-mêmes, devroit l'abolir, & n'accorder point d'autre
efpérance aux enfans fur les biens de leurs
peres & meres, que celle que la nature
leur donne : favoir d'être nourris jufqu'à
l'âge propre à gagner par eux-mêmes leur
nourriture, & abandonner le refte à la
tendreffe paternelle & maternelle, en per-
mettant cependant aux enfans la *plainte
d'inofficiofité.*

Au défaut de defcendans, il eft jufte que
l'on défere la fucceffion aux afcendans,
& que les biens retournent au pere ou à
la mere, ou aux aïeux. 1°. En reconnoiffance des obligations que le défunt
avoit à fon pere & à fa mere. 2°. Parce
que pour l'ordinaire c'eft des peres &
meres que viennent ces biens, ou du
moins les premiers fonds. 3°. Enfin, parce
qu'il eft tout-à-fait raifonnable qu'un pere
qui contre le cours ordinaire de la nature,
furvit à fes enfans, ait du moins dans fa
douleur, la trifte confolation d'hériter des
biens qu'ils laiffent.

Si le défunt ne laiffe ni pere ni mere,

ni enfans, les collatéraux font naturellement appellés à la fucceffion, felon leur
degré de proximité, fuivant lequel on
préfume qu'ils étoient plus chers au défunt. C'eft auffi ce que demande le bien
des familles.

Il y a une autre forte d'acquifition dé-
rivée qu'il ne faut pas paffer fous filence :
c'eft celle qui fe fait par la prefcription.
La *prefcription* eft un acte par lequel pour
avoir joui long-temps fans oppofition &
fans interruption d'une chofe apparte-
nante à autrui, mais que l'on poffede de
bonne foi & à jufte titre, on en acquiert
enfin la pleine propriété, en forte que
l'ancien propriétaire perd fon droit fur
cette chofe, & ne peut plus la réclamer.
C'eft ce que les Jurifconfultes Romains
appellent ufucapion, (*ufucapio, quod res
capiatur ufu,*) à caufe que l'on prend pour
ainfi dire, la propriété de la chofe par
l'ufage ou par la longue poffeffion. *Ufucapio eft adjectio dominii per continuationem
poffeffionis temporis lege definiti* (*).

Les anciens Romains ne connoiffoient
la prefcription que fous le nom d'*ufucapion* ; & aujourd'hui même on confond

---

très-fouvent ces deux termes, quoique la *prefcription* proprement dite foit le droit réfultant de la poffeffion fixée par la loi pour prefcrire ; c'eft-à-dire, après le terme de l'ufucapion expiré.

Quant à la *poffeffion de bonne foi*, condition néceffaire pour prefcrire ; il fuffit fuivant le Droit Romain, que l'on ait été dans cette bonne foi au commencement de la poffeffion : *ut in his omnibus cafibus ab initio cum bona fide capiat* (*). Mais cette décifion eft contraire à l'équité naturelle. Car l'établiffement de la propriété ayant impofé à quiconque fe trouve en poffeffion d'un bien d'un autre, fans fon confentement, l'obligation de faire enforte, autant qu'il dépend de lui, que la chofe retourne à fon véritable maître ; il s'enfuit naturellement, que dès que nous appercevons que ce que nous poffédons appartient à autrui, nous devons le lui rendre. D'ailleurs, on n'acquiert le droit de prefcription qu'après le terme de l'ufucapion expiré ; mais l'ufucapion fe change en ufurpation dès le moment que le poffeffeur fe reconnoît poffeffeur de mauvaife foi.

(*) Cod. Lib. VII. Tit. XXXI. &c.

Cette maniere d'acquérir la propriété
considérée en elle-même, a son fondement dans les lois naturelles ; elle est une
suite du but même de la propriété, &
nécessaire pour la sûreté du commerce. Il
est vrai que c'est une regle de justice, que
l'on ne doit pas priver quelqu'un, malgré
lui, d'une chose qui lui appartient légitimement, & que le consentement du propriétaire est nécessaire pour transporter à
un autre son droit de propriété. Mais l'u-
sage même & le but de la propriété demandent que l'on ne donne pas une étendue illimitée à ce principe ; mais que l'on
y apporte les modifications que la tranquillité de la société & la sûreté du commerce exigent nécessairement. Or le principal but que les hommes se sont proposés dans l'établissement de la propriété &
du commerce, c'est de pourvoir aux besoins & aux commodités de la vie, en
s'assurant la possession des choses qui leur
étoient nécessaires pour cela. Or quelle
sûreté y auroit-il dans tout cela, si un
possesseur qui a acquis une chose de bonne
foi & à juste titre d'une personne qu'il
croyoit, & qu'il avoit raison de croire le
légitime propriétaire, quoiqu'il ne le fût
pas, étoit éternellement exposé à se voir
dépouillé de ce qu'il a acquis de cette

maniere, par celui à qui cette chose appartenoit originairement? On ne pourroit presque compter sur rien de ce que l'on possede, & l'on se verroit tous les jours en péril d'être privé des choses qui nous sont les plus nécessaires. Il falloit donc, pour la paix du genre humain, pour la tranquillité des familles, & pour mettre fin aux querelles & aux procès, assurer après un certain temps aux possesseurs de bonne foi, un droit incontestable sur ce qu'ils possedent.

D'un autre côté, l'équité naturelle demande qu'en même-temps que l'on pourvoit à la sûreté du possesseur de bonne foi, on pense aussi à l'intérêt de l'ancien propriétaire; & pour cela il faut que le terme de la prescription ne soit ni trop long, ni trop court. Il faut qu'il ne soit pas trop court, afin que le premier propriétaire ait un temps convenable pour chercher & pour recouvrer son bien. Mais aussi il ne doit pas être trop long, afin que les possesseurs de bonne foi soient une fois assurés de quelque chose.

Ce que nous venons d'expliquer, regarde les acquisitions principales; ajoutons quelque chose des acquisitions accessoires. On entend par les *accessoires* toute augmentation, amplification, accroissement ou bonification qui peut furvenir à une chofe qui nous appartient. On peut les réduire à deux claſſes: l'une de ceux qui proviennent uniquement de la nature même, & fans que les hommes aient aucune part à leur production: l'autre de ceux qui doivent leur origine, ou en tout ou en partie, au fait des hommes, à leur induſtrie ou à leur travail.

La regle générale que l'on donne ici, c'eſt que les acceſſoires appartiennent au maître de la chofe même, à laquelle ils furviennent: *acceſſorium ſequitur principale.* Mais, quelque ſimple que paroiſſe cette regle, elle demande quelques éclairciſſe-mens.

1°. Lorfque l'acceſſoire ou l'accroiſſe-ment qui furvient à une chofe, n'étoit à perfonne, ou qu'il provient de la nature feule, ou enfin qu'il eſt produit par le fait de celui-là même à qui la chofe principale appartient; alors, fans contre-dit, l'acceſſoire fait le principal. C'eſt ainſi que les fruits des arbres ou d'une campagne appartiennent au propriétaire du fonds, &c.

2°. Mais lorfque l'acceſſoire eſt ou en tout ou en partie à une autre perfonne, & qu'il furvient ou par le travail ou par l'induſtrie d'autrui, ou par quelque acci-

dent naturel, alors il réfulte de là une
efpece de communauté, ou une occafion
d'acquérir le bien d'autrui, ou le produit
de fon induftrie, foit en conféquence de
quelque principe d'équité, foit par un accord des parties, ou en vertu de quelque
loi pofitive. Voyez fur cette Leçon Burlamaqui, IV. Part. chap. IX. Tom. IV.
pag. 240. & fuiv. Puffendorf, Liv. IV.
chap. VI. VII. X. XI. & XII. Grotius,
Liv. II. chap. II. à VII. Domat, *Lois civiles*, &c. II. Part. Liv. I. II. & III. Tit.
VII. Sect. IV. &c. Cumberland, *des Lois
naturelles*, chap. VII. &c.

LEÇON XXVII.

Devoirs qui réfultent de la propriété des biens ; prix des chofes.

LE droit que la propriété des biens accorde aux propriétaires, eft naturellement accompagné des devoirs, foit à l'égard des propriétaires eux-mêmes, foit à l'égard des autres hommes.

Et premiérement, à l'égard du propriétaire lui-même, il eft obligé d'obferver dans l'ufage de fon droit toute la loi naturelle. Ce feroit fans doute un abus criminel que de fe fervir de ces biens d'une maniere qui tournât au mépris de la Divinité, au préjudice du prochain, ou de nous-mêmes. Au contraire, nous devons employer nos biens à procurer la gloire de Dieu, bien entendue ; enfuite à l'avantage des autres hommes, fuivant les regles de la juftice, de l'humanité & de la prudence ; & enfin pour notre propre utilité, conformément aux principes de la fageffe & de la modération.

Pour ce qui regarde les autres hommes, chacun eft indifpenfablement tenu envers

tout autre qui n'est pas son ennemi, de le
laisser jouir paisiblement de ses biens, &
de ne point les endommager, faire périr,
prendre ou attirer à soi, ni par violence
ni par fraude, ni directement ni indirecte-
ment. Par-là sont défendus le larcin, le
vol, les rapines, les extorsions, & autres
crimes semblables, qui donnent quelque
atteinte au droit que chacun a sur ses biens.

Si le bien d'autrui est parvenu entre
nos mains, par un effet de la volonté du
propriétaire, cette même volonté fait ici
la loi, & la convention qui est interve-
nue à ce sujet sert également de regle, &
au propriétaire lui-même, & au possesseur
sur ce qu'ils se doivent réciproquement.
Mais si le bien d'autrui est tombé entre
nos mains à l'insu du propriétaire, ou
même malgré lui ; dans ces circonstances
un possesseur de mauvaise foi est indispen-
sablement obligé, non-seulement à resti-
tuer la chose à son véritable maître, mais
encore de lui tenir compte de tous les
fruits dont il a été privé, & à le dédommager à tous égards.

À l'égard du possesseur de bonne foi,
c'est-à-dire, qui a acquis une chose de
quelqu'un dans la pensée que celui-ci étoit
le véritable propriétaire, quoiqu'il ne le
fût pas, les Jurisconsultes ne sont pas bien

d'accord entr'eux fur ce que la loi naturelle exige de lui. En général, à confidérer la chofe par le droit naturel, & indépendamment de la difpofition des lois civiles, la bonne foi femble devoir produire en faveur du poffeffeur le même effet que la propriété, auffi long-temps que le véritable maître ne paroît pas. Par conféquent, tous les revenus & tous les fruits lui appartiennent légitimement.

Que fi le véritable maître réclame fon bien dans le temps que la chofe eft encore entre les mains du poffeffeur de bonne foi, fi celui-ci l'a acquife à titre gratuit, c'eft-à-dire, fans qu'il lui en ait rien coûté, comme quand on a reçu la chofe en pur don, ou qu'on l'a trouvée, il doit la rendre pûrement & fimplement, fans rien demander pour cela au propriétaire, à moins qu'on n'ait fait à l'occafion de cette chofe quelques dépenfes dont on ne foit pas dédommagé d'ailleurs par le profit qu'elle nous a apporté ; car alors le propriétaire doit les rembourfer.

Mais fi le poffeffeur a acquis à titre onéreux, c'eft-à-dire, qu'il ait donné un équivalent, il eft jufte à la vérité que le propriétaire puiffe recouvrer fon bien ; mais il doit rembourfer au poffeffeur de bonne foi ce qu'il a donné pour l'acquérir ;

faute de quoi, celui-ci peut retenir la chose ; & si le propriétaire ne la retire pas avant le terme de la prescription, elle change alors tout-à-fait de maître, en sorte que le premier n'a plus rien à y prétendre.

En suivant ces principes, on satisfait raisonnablement à l'intérêt du possesseur & à celui du propriétaire. D'un côté, on assure à celui-ci le droit de se faire rendre la chose même en indemnisant le possesseur, & il conserve d'ailleurs son recours naturel contre celui qui lui a retenu son bien, ou qui l'en a privé malicieusement. De l'autre côté, l'on pourvoit aussi à la sûreté du commerce, en ménageant les intérêts d'un possesseur qui a pris toutes les précautions que la prudence exigeoit de lui, de maniere qu'il ne souffre pas de perte considérable.

A plus forte raison, le possesseur de bonne foi n'est-il obligé à aucune restitution, si la chose est venue à périr ou à se perdre. Car en ce cas-là il n'a ni la chose ni le profit. Je dis un possesseur de bonne foi, car il ne s'agit ici que d'un tel possesseur ; celui qui est de mauvaise foi, outre l'obligation qui vient de la chose même, étant tenu de son propre fait, & se rendant sujet à la peine. J'ajoute que le

possesseur

poſſeſſeur de bonne foi n’eſt point obligé
à reſtituer, quand même la choſe ſe ſeroit
perdue par ſa faute ; car la bonne foi lui
tenoit lieu de propriété.

Enfin lorſque l’on trouve une choſe
qu’il y a lieu de croire avoir été perdue,
au grand regret de ſon maître, on doit
s’en informer, & être diſpoſé à la reſtituer dès qu’il ſe préſentera ; mais tant que
le propriétaire ne ſe préſente pas, on peut
innocemment la garder pour ſoi.

Le prix des choſes eſt encore une ſuite
néceſſaire de l’introduction de la propriété. Car la propriété établie, les hommes n’auroient pourvu qu’imparfaitement
à leurs beſoins, s’ils n’avoient pas établi
entr’eux le commerce, au moyen duquel
par des échanges réciproques, ils puiſſent
ſe procurer ce dont ils manquoient, en
donnant par contre des choſes dont ils
pouvoient ſe paſſer.

Mais afin que le commerce pût ſe faire
à l’avantage commun des parties, il étoit
néceſſaire que l’on y obſervât l’égalité ;
en ſorte que chacun reçût autant qu’il
donnoit lui-même. Mais comme les choſes
qui entrent en commerce, ſont pour l’ordinaire de différente nature, & de différent uſage, il étoit abſolument néceſſaire
d’attacher aux choſes une certaine idée

ou qualité, au moyen de laquelle on pût les comparer ensemble, & les réduire à une juste égalité. C'est là l'origine du prix des choses.

Le prix n'est donc autre chose qu'une certaine qualité ou quantité morale, une certaine valeur que l'on attribue aux choses & aux actions qui entrent en commerce, & au moyen de laquelle on peut les comparer ensemble, & juger si elles sont égales ou inégales. L'on dit que le prix est une *qualité morale ;* parce qu'elle est d'institution humaine, & que l'on y considere moins quelle est la constitution physique & naturelle des choses, que le rapport qu'elles ont à notre avantage, ou à nos plaisirs ; & qu'ainsi elle sert de regle aux mœurs.

Ce n'est pas cependant que la quantité physique n'entre dans l'estimation des choses qui se trouvent de même nature & de même bonté ; car, tout le reste d'ailleurs égal, un gros diamant, par exemple, vaut beaucoup plus qu'un petit. Mais on n'a pas toujours égard à cela dans l'estimation des choses de différente espece & de différente qualité ; ainsi une grosse masse de plomb ne vaut pas plus qu'une petite piece d'or.

On peut d'abord distinguer le prix en

prix *propre* & *intrinfeque*, & en prix *virtuel* ou *éminent.* Le premier c'eft celui que l'on conçoit comme inhérent aux chofes mêmes, ou aux actions qui entrent en commerce, felon qu'elles font plus ou moins capables de fervir à nos befoins, à nos commodités, ou à nos plaifirs. Le prix virtuel ou éminent eft celui qui eft attaché à la monnoie, en tant qu'elle renferme virtuellement la valeur de toutes fortes de chofes ou d'actions, & qu'elle fert comme de regle ou de mefure commune pour comparer & ajufter enfemble la variété infinie de degrés d'eftimation dont elles font fufceptibles.

Les fondemens du prix propre & intrinfeque font premiérement l'aptitude qu'ont les chofes à fervir aux befoins, aux commodités, ou aux plaifirs de la vie; en un mot, leur utilité, & enfuite leur rareté. Je dis premiérement leur utilité; par où j'entends non-feulement une utilité réelle & fondée dans la nature même; mais encore celle qui n'eft qu'arbitraire & de fantaifie. De là vient que dans le langage ordinaire, ce qui n'eft d'aucune utilité, eft dit de nul prix.

Mais l'utilité feule, quelle qu'elle foit, ne fuffit pas pour que les chofes ayent un prix : il faut de plus que cette utilité foit

accompagnée de quelque rareté ; c'est-à-
dire, que les choses soient de telle nature que chacun ne puisse pas s'en procurer aisément autant qu'il en veut. En
effet, les choses les plus utiles, & même
les plus nécessaires, mais qui sont d'une
si grande abondance que l'usage en est
inépuisable, ne sont point mises à prix,
comme on le voit par l'exemple de l'eau
commune. Cependant la rareté seule,
quelque grande qu'elle soit, n'est pas non
plus suffisante pour donner un prix aux
choses, si d'ailleurs elles n'étoient d'aucun
usage.

Comme ce sont là les vrais fondemens
du prix des choses, ce sont aussi ces mêmes circonstances, combinées différemment, qui l'augmentent ou le diminuent.
Si la mode d'une chose passe, ou que peu
de gens en fassent cas, dès-lors elle devient à bon marché, quelque chere qu'elle
ait été auparavant. Qu'une chose commune au contraire, & qui ne coûte que peu
ou rien, devienne un peu rare, aussi-tôt
elle commence à avoir un prix, & quelquefois même fort cher, comme cela paroît par l'exemple même de l'eau dans
les lieux arides, ou en certains temps,
pendant un siege, &c. En un mot, toutes
les circonstances particulieres qui contri-

buent au furhauffement du prix des chofes,
fe rapportent en dernier reffort à la rareté.
Telles font la difficulté d'un ouvrage, la
délicateffe & la beauté du travail, la ré-
putation de l'ouvrier, &c.

On peut faire le même raifonnement fur
le prix d'inclination ou d'affection, lorfque
quelqu'un eftime une chofe qu'il poffede,
au-deffus du prix qu'on lui donne communément ; & cela par quelque raifon
particuliere : par exemple, fi elle lui a
fervi à le tirer d'un grand péril, fi elle eft
un monument remarquable, fi c'eft pour
lui une marque d'honneur, &c.

Mais eft-il permis au vendeur d'augmenter le prix des chofes à proportion
de l'inclination qu'il apperçoit dans l'acheteur ? Je dis, que fi le vendeur n'y met
pas le même prix d'inclination que l'acheteur, il ne lui eft pas permis de la vendre
au-delà de ce qu'il l'eftime lui-même ;
car dès qu'il ne l'eftime pas autant que
l'acheteur, il agiroit contre fa propre
confcience en la lui vendant au-delà de
ce qu'il l'eftime. Mais fi le vendeur donne
lui-même à la chofe un prix d'inclination,
je ne vois pas pourquoi il n'en puiffe pas
demander le prix qu'il l'eftime lui-même,
vu fon attachement pour cette même
chofe. Il eft certain d'abord que l'incli-

nation augmente le prix des chofes, & que même la plupart n'ont de prix que dans l'imagination de celui qui veut les acquérir. D'ailleurs, fi l'acheteur n'attache pas à la chofe le même prix que je l'eftime, il eft le maître de l'acheter ou de la laiffer. Mais dès que l'acheteur attache à une chofe qui me fait plaifir un prix proportionné à ce plaifir, je ne vois pas pourquoi être le prix intrinfeque de la chofe, je ne puis pas demander une éfpece de dédommagement du plaifir que la poffeffion de cette chofe me procurera ; d'autant plus que l'acheteur ne fe détermine à l'acheter au prix d'inclination, que parce que la chofe lui fait autant de plaifir que la fomme demandée, & plus encore, parce qu'il fe détermine à l'échanger. Le poffeffeur de la lampe de terre du Philofophe Epictete, faifoit autant de cas de ce morceau de terre, que fi avec la lampe il avoit reçu tout le favoir du Philofophe. Il fe préfenta un fou de la même éfpece, qui lui en demanda le prix : il la lui fit trois mille dragmes, & le marché eut lieu (*). Or quel mal y a-t-il dans ce marché ? Le vendeur ne croyoit pas

---

(*) Lucien, *Traité contre un Ignorant.*

qu'on pût le dédommager de la perte de la lampe par une moindre somme : l'acheteur ne croyoit pas payer trop par la même somme un si beau monument d'un homme aussi célebre qu'Epictete. Il me semble en général, que dans les ventes des choses suivant le prix d'inclination, l'acheteur & le vendeur sont plutôt à plaindre qu'à blâmer.

Mais pour juger plus précisément du prix de chaque chose en particulier, il faut distinguer l'état de nature de l'état civil. Dans l'état de nature, en y supposant la propriété des biens, il est, à parler en général, libre à chacun de mettre le prix qu'il veut à ce qui lui appartient. Mais cette liberté doit pourtant être réglée par ce que le bien du commerce & les besoins de l'humanité exigent. Il y auroit donc une bizarrerie déraisonnable à estimer, sans aucune raison particuliere, les choses que l'on possede, beaucoup audessus de ce que les autres hommes les estiment communément. En particulier, par rapport aux choses absolument nécessaires aux besoins de la vie, & dont on a abondamment, il y auroit de l'inhumanité à se prévaloir de l'indigence & du besoin d'autrui pour en exiger un prix excessif.

Mais dans la société civile, l'on a cru que l'on devoit mettre quelques bornes à la liberté des particuliers par rapport au prix des choses. Le prix se regle en deux manieres, ou par la loi du Souverain & les réglemens des Magistrats, ou par le seul consentement des parties. Le premier s'appelle prix *légitime*, & le second prix *commun* ou *conventionnel*.

Il étoit en effet d'une bonne police & du bien commun, de fixer le prix des choses qui sont les plus nécessaires à la vie, comme sont les principales denrées, de peur que les riches n'opprimassent les pauvres, & que ceux-ci n'eussent trop de peine de pourvoir à leurs besoins. Le prix légitime doit donc être déterminé par la justice & l'équité, conformément à ce que demande le bien, & non par des con-sidérations particulieres pour favoriser les uns au préjudice des autres. Lorsque le prix des choses est taxé, ou en faveur de l'acheteur, ou en faveur du vendeur uniquement, il est sans doute permis à l'un de se contenter de moins, ou à l'autre de donner plus ; car chacun peut renoncer à ses avantages.

Mais, s'il est convenable que la loi fixe le prix de certaines choses, il ne l'étoit pas moins que tout le reste fût laissé à la liberté des particuliers, afin que chacun tirant quelque profit de son industrie & de son habileté, on entretînt par là l'émulation, qui contribue à faire fleurir le commerce. C'est le fondement du prix conventionnel.

Plusieurs circonstances contribuent à l'augmentation ou à la diminution du prix courant des choses.

1°. On met en ligne de compte les peines que prennent les marchands, & les dépenses qu'ils font pour transporter, garder, & débiter leurs marchandises.

2°. On peut faire payer plus cher ce que l'on vend à crédit, que ce que l'on vend argent comptant; car le temps du payement est une partie du prix.

3°. Ceux qui vendent en détail peuvent mettre un plus haut prix à leurs marchandises que les marchands en gros. Car outre que la vente en détail est plus pénible & plus incommode, on gagne bien davantage à recevoir tout à la fois une grosse somme d'argent, qu'à en tirer peu à peu de petites.

4°. Enfin, le prix hausse ou baisse encore à proportion du nombre d'acheteurs ou de vendeurs, & de l'abondance ou de la disette d'argent, ou de la marchandise.

Mais depuis que la plupart des peuples se furent écartés de la simplicité des premiers siecles, le commerce devenant tous les jours plus étendu, on s'apperçut bientôt que le prix propre & intrinseque ne suffisoit pas pour en faciliter l'exécution. Car dans ces circonstances on ne pouvoit trafiquer autrement que par des échanges des choses, ou du travail. Or il étoit très-difficile que chacun eût toujours des marchandises que les autres voulussent prendre en troc, & qui fussent précisément de même valeur, ou qu'il pût travailler pour eux d'une maniere qui leur convînt. Pour remédier à ces inconvéniens, & pour augmenter les douceurs & les commodités de la vie, la plupart des nations jugerent convenable d'attacher à certaines choses une valeur imaginaire, un prix virtuel ou éminent, qui renfermât virtuellement la valeur de toutes celles qui entrent en commerce.

On peut donc considérer le prix de la monnoie comme une mesure commune du prix intrinseque de chaque chose, comme un moyen universel, par lequel on peut se pourvoir de tout ce qui nous est nécessaire, & faire toutes sortes de commerce avec cette sûreté, qu'avec la même quantité de cette monnoie pour laquelle

nous nous sommes défaits de quelque
chose, nous pourrons dans la suite nous
en procurer d'autres qui vaudront tout
autant. Telle a été l'origine de la monnoie.

Ce n'eft pas fans raifon que l'on a choifi
les métaux les plus rares & les plus efti-
més, l'or, l'argent & le cuivre, pour établir le prix virtuel ; car il étoit tout-à-
fait convenable que la matiere à laquelle
on vouloit attribuer ce prix eût certaines
conditions, qui fe rencontrent toutes dans
ces métaux.

Et 1°. il falloit que cette matiere fût
d'une certaine rareté, afin qu'elle eût une
certaine valeur intrinfeque, & que le
commerce pût fe faire plus confidérable-
ment. 2°. Il étoit néceffaire qu'elle fût
compacte & folide, afin qu'elle ne s'usât
que très-peu & à la longue. 3°. Qu'elle
pût aifément fe réduire en petites parties.
4°. Enfin, que l'on pût aifément la garder
& la manier. Toutes ces qualités étoient
effentielles à une chofe, qui devoit tenir
lieu de mefure commune dans le commerce, & elles fe trouvent toutes dans
les métaux que l'on a choifi pour cela.

La monnoie donc a été établie pour
être une mefure commune dans le commerce, & par conféquent égale pour tous
les particuliers d'un même Etat. Il fuit

E vj

de-là que c'est au Souverain à en fixer le prix, & aux particuliers de s'y conformer. C'est aussi pourquoi les monnoies sont frappées au coin de l'Etat, en sorte que cette marque en regle exactement la valeur. Cependant le Souverain n'a pas un pouvoir si absolu de fixer cette valeur, qu'il ne doive suivre en cela certaines regles.

1°. Il faut avoir égard à la valeur intrinseque de l'or, de l'argent, du cuivre, & suivre en cela la proportion qui est entre ces métaux.

2°. On doit aussi faire attention au prix que les Etats étrangers, avec lesquels on est en commerce, donnent aux especes. Car, par exemple, si un Souverain hausse trop la valeur de ses especes, il les rend inutiles par rapport aux étrangers avec qui ses sujets négocient ; & cela tourneroit au grand préjudice de ses sujets.

3°. Il faut que les monnoies soient à un bon titre, d'un aloi & du poids convenables.

4°. Le Souverain doit donner tous ses soins pour empêcher les fraudes des faux monnoyeurs. Pour cela, il faut non-seulement n'employer que de bon aloi, mais encore faire travailler curieusement toute la monnoie ; en sorte que le travail joint à la valeur intrinſeque de chaque piece vaille autant, & même plus s'il eſt poſſible, que ce pourquoi elle eſt employée dans le commerce.

5°. Lorſqu'il s'eſt gliſſé de la fauſſe monnoie dans le commerce, le Souverain doit, s'il le peut, en prendre la perte ſur lui, & empêcher que les particuliers n'en ſouffrent, après quoi il doit la décrier pour l'avenir.

6°. La monnoie étant la meſure du prix des autres choſes, le Prince ne doit rien changer à la valeur des eſpeces que dans un grand beſoin de l'Etat, & quand la néceſſité l'y oblige.

7°. Quand on vient à faire de pareils changemens, il faut les faire les moindres qu'il eſt poſſible, & de façon que l'effet en ſoit univerſel, & non pour des vues d'intérêts particuliers, au préjudice du bien public, mais dans l'intention de rétablir les choſes ſur l'ancien pied, le plutôt qu'il ſera poſſible.

8°. Une derniere remarque, c'eſt que la meſure du prix de l'argent, & ſuivant laquelle il doit naturellement hauſſer ou baiſſer, dépend principalement de ſon abondance ou de ſa rareté, par rapport aux terres, dont la valeur naturelle & intrinſeque eſt fort conſtante, & qui ſont presque par-tout le principal fondement des patrimoines. En effet, si dans le temps que l'argent roule en abondance, les terres & ce qui en provient, étoient à bon marché, les laboureurs seroient ruinés infailliblement. Que si au contraire, lorsque l'argent est rare, les terres & leurs productions se vendoient fort chérement, ceux qui ne subsistent que de leur industrie, mourroient de faim.

Par tout ce que nous venons de dire sur la monnoie & sa valeur, il s'ensuit que l'argent, considéré comme monnoie, est une marchandise dont la valeur a la faculté d'être représentative d'une valeur égale en toute autre espece de marchandise; & au moyen de cette faculté, les ventes en argent ne font que de véritables échanges d'une marchandise pour une autre marchandise. Cependant comme il n'est point une chose usuelle, & que celui qui le reçoit en vendant, ne peut s'en servir qu'autant qu'il le rend en achetant, on ne l'emploie que dans le cas où quelqu'un veut acheter les marchandises des autres, sans avoir en nature les choses que ceux-ci désirent de recevoir en échange; alors l'argent peut être regardé comme un gage intermédiaire, par le moyen duquel l'échange se commence

entre l'acheteur & ces vendeurs, pour
enfuite être confommé par eux avec d'autres hommes, qui fur ce gage commun,
fourniffent les marchandifes que le premier acheteur n'avoit pas dans fa poffeffion.

Un exemple éclaircira ma penfée. Pro-
fcrivons pour un moment l'ufage de l'argent monnoyé, ainfi que les termes de
vente & d'achat, pour leur fubftituer celui
d'échanges, & fuppofons ceux-ci réellement faits en nature : il eft évident que fi
je veux me procurer votre marchandife, il
faut que j'en aye une d'une valeur égale à
vous donner, & qu'en cela je fois vendeur
pour être acheteur. Il eft évident auffi que
fi je veux trouver le débit de ma marchandife, il faut que je prenne en échange
quelqu'autre marchandife d'une femblable
valeur, & qu'en cela, pour être vendeur,
je fois acheteur.

Mais vous avez la chofe qui me convient, & celle que j'ai ne vous convient
pas : alors rappellons l'argent que nous
venons de profcrire ; employons-le entre
nous comme un gage intermédiaire,
comme une valeur repréfentative pour
vous de la chofe que je ne peux vous
donner en échange : dans ce cas, comme
je ne cueille point l'argent, il faut que je

m'en procure par un autre échange de ma chose contre ce même argent : de-là résulte que je fais deux échanges au lieu d'un, & que de votre côté vous en faites autant, en portant mon argent à un autre vendeur qui vous donne la marchandise que vous désirez. Il est donc évident, qu'au fonds l'opération est toujours la même ; on peut bien acheter avec de l'argent, sans l'avoir dans le moment même, une chose usuelle à vendre ; mais pour avoir cet argent, il faut avoir vendu. Voyez sur cette leçon Burlamaqui, *Princip. du Droit naturel*, IV. Part. chap. X. & XI, Puffendorf, Liv. IV, chap. XIII. & Liv. V. chap. I. *L'ordre naturel & essentiel des Sociétés politiques*, Edit. 12. Tom. II. chap. XXXVI. Bielfeld, *Institutions politiques*, I. Part. chap. XIV. §. 23. & suiv.

LEÇON XXVIII.

*Regles des contrats qui suppofent la pro-
priété des biens & le prix des chofes.*

L'On diftingue les contrats en *bienfai-
fans* ou *gratuits*, & *onéreux* ou *in-
térefés*. Les premiers procurent à l'un des
contractans quelque avantage purement
gratuit. Les autres affujettiffent chacun
des contractans à une charge ou à une condition onéreufe, qu'ils s'impofent l'un à
l'autre ; car dans ces contrats l'on ne fait
& l'on ne donne rien que pour recevoir
autant.

Il y a quatre principales fortes de contrats gratuits : favoir, la *donation*, la
commiffion ou le *mandement*, le *prêt à
ufage* & le *dépôt*.

La *donation* eft un contrat par lequel
on fe dépouille de fon droit fur une chofe
qui nous appartient, pour le transférer
gratuitement à une perfonne qui accepte
le bienfait ; foit qu'on lui remette la chofe
dès ce moment, ou qu'on la garde encore
quelque temps. Les donations font des
libéralités naturelles dans l'ordre de la

société, où les liaisons de parenté, d'amitié & d'humanité obligent différemment à faire du bien, ou par l'estime du mérite, ou par le motif de secourir ceux qui en ont besoin, ou par principe de reconnoissance, ou par d'autres vues. Il n'y a point de donation sans acceptation ; c'est une suite de la nature de tout engagement. Car tant que le donataire n'accepte pas, le donateur n'est point dépouillé, & son droit lui demeure.

La donation une fois faite est irrévocable de sa nature, comme les autres conventions. Cela cependant n'empêche pas qu'elle ne puisse être révoquée par de fortes raisons, que l'on peut raisonnablement regarder comme des conditions tacites.

La *commission* ou le *mandement* est un contrat par lequel on se charge sans intérêt & de pure bonne volonté, des affaires de quelqu'un qui nous en prie. Les Latins l'appellent *mandatum*. La foiblesse & les besoins de l'homme ont donné naissance à ce contrat. Les absences, les indispositions, & plusieurs autres empêchemens, font souvent qu'on ne peut pas vaquer soi-même à ses affaires, & que par conséquent il faut avoir recours aux autres hommes. Le pouvoir d'un

Procureur dépend de l'étendue de sa commission. Quelquefois la procuration est limitée, & détermine expressément la maniere dont il faut s'y prendre : quelquefois le tout est laissé à la prudence & à l'habileté du Procureur.

Ceux qui se chargent de prendre soin des affaires d'autrui, le font ordinairement par un principe d'humanité ou d'amitié ; c'est pourquoi leur fonction est gratuite : si l'on convenoit de quelque salaire, ce seroit une espece de louage.

Comme on ne confie guere ses affaires qu'à un ami, ou à une personne en qui l'on a une pleine confiance, les Procureurs sont obligés, & par honneur & par devoir, à exécuter fidellement ce dont ils sont chargés. La raison veut qu'ils apportent à ces affaires tout le soin dont ils sont capables ; c'est-à-dire, comme ils feroient pour eux - mêmes dans les choses qu'ils prennent le plus à cœur, & proportionnellement au but & à la nature du contrat. Les anciens Romains avoient un respect tout particulier pour ces sortes d'engagemens, & ils regardoient comme une chose indigne d'un honnète homme de s'en acquitter avec négligence. C'est pourquoi on donna *action de mandement,* à laquelle on attacha une aussi grande flétriſſure, qu'à l'action niême de larcin (*).

Celui qui a donné la commiſſion, eſt obligé de rembourſer toutes les dépenſes qu'on a faites pour l'exécuter ; & le Procureur peut auſſi exiger de lui un dédommagement des pertes qu'il a ſouffertes par une ſuite naturelle & directe des affaires dont il étoit chargé. Car il a ſtipulé cela tacitement, puiſqu'il n'a promis de donner gratuitement que ſon induſtrie, ſes ſoins & une attention fidelle à bien ménager l'affaire dont il s'agit. Et l'on auroit mauvaiſe grace de prétendre que, pour nous rendre ſervice, il lui en coûtât du ſien, outre la peine qu'il prend.

Le *prêt à uſage (commodatum)* eſt une convention par laquelle on accorde à quelqu'un gratuitement, & pour un certain temps, l'uſage d'une choſe qui nous appartient : je dis gratuitement ; car s'il y avoit un prix, ce feroit un louage.

Le prêt à uſage eſt une convention qui ſuit naturellement de la liaiſon que la ſociété met entre les hommes. Car, comme on ne peut pas toujours acheter, ou louer

---

(*) DIGEST. Lib. III. Tit. II. *de his qui notantur infamid.* Leg. I.

toutes les choses dont on manque, & dont on n'a besoin que pour peu de temps, il est de l'humanité qu'on s'en accommode l'un l'autre gratuitement. Les regles générales de ce contrat sont les suivantes :

1°. L'on est tenu de garder & d'entretenir la chose empruntée avec le même soin que l'on apporteroit pour son propre intérêt, en matiere de choses qui nous tiennent le plus à cœur.

2°. Il ne faut point s'en servir à d'autres usages, ni plus long-temps que le propriétaire ne l'a permis.

3°. Il faut rendre la chose en son entier & telle qu'on l'a reçue, ou du moins sans autre détérioration que celle qui est un effet inévitable de l'usage ordinaire.

4°. Celui qui a prêté une chose ne peut la retirer qu'après l'usage fini. Cependant si le propriétaire par un accident qu'on n'avoit pas prévu, vient à en avoir besoin lui-même, l'emprunteur doit la rendre sans différer, & à la premiere requisition.

5°. Si la chose empruntée vient à périr par quelque accident, sans qu'il y ait de la faute de l'emprunteur, il paroît plus équitable d'en faire supporter la perte à l'emprunteur, que de la rejetter sur le propriétaire : sur-tout s'il y a lieu de présumer que si elle étoit restée entre les mains de ce dernier, cet accident ne seroit pas arrivé. Si l'on décidoit autrement, il en coûteroit trop à celui qui s'eft privé foi-même de l'ufage de fon bien pour faire plaifir à quelqu'un. Le Droit Romain décide la chofe au contraire (*).

6°. Enfin, il eft jufte que le propriétaire tienne compte à l'emprunteur des dépenfes utiles ou néceffaires qu'il a faites pour l'entretien & la confervation de la chofe, au-delà de celles que demande abfolument l'ufage ordinaire. Ainfi celui qui a emprunté un cheval ou un efclave, doit les nourrir à fes dépens ; mais fi le cheval ou l'efclave deviennent malades, les frais de la guérifon font fur le compte du maître : bien entendu qu'il n'y ait pas de la faute du côté de celui qui a emprunté.

Le *dépôt* eft un contrat par lequel on donne en garde à quelqu'un, qui s'en charge gratuitement, une chofe qui nous appartient, ou à laquelle nous avons quelque intérêt, à condition qu'il nous la rende dès que nous la lui redemanderons. L'origine de cette convention vient naturellement des befoins des hommes. Il

____

(*) Digest. Lib. XIII, Tit. VI. *Commod.* Leg. V. §. 4.

arrive quelquefois que l'on se trouve dans de telles circonstances, que nous ne pouvons pas garder nous-mêmes ce que nous possédons : & alors on ne peut pourvoir à la sûreté de ses biens qu'en les mettant entre les mains de quelque personne fidelle, & qui veuille bien s'en charger.

L'origine, la nature & la fin de ce contrat font connoître quelles sont les regles que l'on y doit suivre.

1°. En général, comme le dépôt se fait souvent en secret, sans écrit, & que c'est une convention dont l'usage est très-nécessaire, & dont la sûreté dépend de la foi de celui qui s'en charge, il n'y a point aussi d'engagement qui demande plus particuliérement la fidélité, que celui du dépositaire.

2°. Le dépôt doit être gratuit ; parce que c'est un office d'amitié & d'humanité, autrement il dégénéreroit dans un contrat de louage.

3°. Le dépositaire ne doit point se servir du dépôt, car il ne l'a pas reçu dans cette intention. Il n'est pas même permis de le décacheter, dépaqueter, ou tirer d'un coffre, s'il a été remis dans cet état : c'est une chose sacrée : s'il s'en sert, il se rend par là responsable de tous les accidens.

4°. On doit garder le dépôt avec tout le foin dont on eft capable, & proportionnellement à la nature de la chofe.

5°. Il faut rendre le dépôt auffi-tôt que celui qui nous l'a remis le demande ; à moins qu'on ne pût le reftituer dans ce temps-là, fans caufer du préjudice, ou à lui-même, ou à d'autres, Par exemple, fi celui qui nous a remis en dépôt des armes, nous les redemande dans un accès de frénéfie, ou fi l'on a découvert que le dépôt eft une chofe volée ; ou fi celui de qui l'on a reçu en dépôt une fomme d'argent, veut s'en fervir pour faire la guerre à la patrie.

Hors ces cas-là, c'eft une grande infamie & un crime encore plus énorme que le larcin proprement dit, de nier un dépôt, fur-tout s'il s'agiffoit d'un dépôt miférable, c'eft-à-dire, qui avoit été confié dans le temps de quelque malheur, comme d'un incendie, d'un naufrage, d'une fédition, &c. Auffi les lois Romaines avoient fagement établi, que ceux qui refuferoient malicieufement de reftituer un tel dépôt, feroient condamnés à rendre le double (*).

_____

(*) Digest. Lib. XVI. Tit. III. *Depofiti*. Leg. I. § I....4.

6°.

6°. Enfin, le maître du dépôt doit de son côté rembourser au propriétaire les frais qu'il a été obligé de faire pour la garde des choses déposées. *Officium suum nemini debet esse damnosum* (*).

Quant aux contrats onéreux, il faut remarquer que tous les contrats purement onéreux ont ceci de commun, que l'on y doit garder une juste égalité : c'est-à-dire, qu'il faut que chacun des contractans reçoive autant qu'il donne, & que par conséquent, si l'un d'eux se trouve avoir moins, il peut ou exiger un dédommagement, ou rompre le contrat.

Il suit de là, que l'un & l'autre des contractans doivent avoir une égale connoissance de la chose au sujet de laquelle ils traitent, du moins, à l'égard des qualités qui sont de quelque importance ; & par conséquent chaque contractant est obligé de déclarer de bonne foi les défauts de la chose sur laquelle on traite, comme il déclare ce qui est capable de la faire valoir. Sans cela on donneroit atteinte à l'égalité qui est la base des contrats onéreux ; car il est bien évident

____

(*) L. 7. *D. Testam. quemadm. oper.* Lib. XXIX. Tit. III.

qu'un acheteur, par exemple, ne paye-
roit pas autant ce qu'il achete, s'il connoissoit des défauts essentiels qu'il ignore.

Le plus ancien des contrats onéreux,
c'est l'*échange*. L'échange est une convention par laquelle les contractans se donnent l'un à l'autre une chose de même
valeur, quelle qu'elle soit, hors l'argent
monnoyé : car ce seroit une vente. Il ne
faut pas confondre avec l'échange une
donation réciproque, dans laquelle il
n'est nullement nécessaire que chacun
donne quelque chose d'égale valeur à ce
qu'il reçoit.

Mais depuis l'invention de la monnoie,
le contrat le plus en usage est celui de la
vente ; par lequel, moyennant une certaine somme d'argent que l'on donne au
vendeur, on acquiert la propriété d'une
chose, ou quelque droit équivalent. Ce
contrat est censé parfait aussi-tôt que l'on
est convenu du prix de la chose à vendre :
& dès-lors les contractans sont obligés
d'exécuter chacun de leur côté, & ils ont
action l'un contre l'autre pour cela. Mais
si le contrat renferme une condition, ou
expresse ou tacite, qui en suspende l'effet,
la vente n'est parfaite que lorsque cette
condition a eu son exécution de la maniere
dont les parties en étoient convenues.

L'obligation naturelle qui résulte du contrat de vente, c'est que le vendeur est obligé de délivrer la marchandise, au temps & de la maniere dont on est convenu; & que l'acheteur de son côté doit payer le prix dont on est demeuré d'accord. Mais si, depuis qu'on est convenu du prix, jusqu'à la délivrance de la marchandise, il arrive quelque diminution à la chose vendue, ou même qu'elle vienne à périr, par quelque accident, on demande, sur qui, du vendeur ou de l'acheteur doit retomber cette perte?

Pour décider cette question, il ne faut que savoir qui est le véritable propriétaire dans le temps que la chose souffre quelque diminution, ou vient à périr. Car c'est un principe naturel, que comme les accroissemens ou les améliorations d'une chose tournent au profit du propriétaire, de même aussi les diminutions ou les pertes le regardent. Ainsi, s'il est impossible au vendeur de remettre d'abord à l'acheteur la chose vendue, ou si elle doit être délivrée dans un certain temps, ou dans un certain lieu, il est naturel de penser que les parties sont convenues que la propriété demeureroit au vendeur, jusqu'au temps de la délivrance, & que l'acheteur n'a pas voulu s'en charger auparavant; par conséquent les profits ou les pertes. survenues font alors pour le compte du vendeur. Mais fi la chofe vendue eft préfente, & qu'il ne tienne qu'à l'acheteur de la recevoir, il n'y a aucune raifon de croire que le vendeur en conferve la propriété, & par conféquent les accidens retombent fur l'acheteur.

Le contrat de vente, comme tous les autres, forme deux fortes d'engagemens. La premiere, de ceux qui font une fuite du contrat même, quoiqu'on ne fe foit point expliqué là-deffus; la feconde de ceux qui y font formellement exprimés. Il faut rapporter à la premiere forte, l'obligation du vendeur à la délivrance, à la garantie, & le devoir où eft l'acheteur de payer le prix, & de dédommager le vendeur de ce qu'il lui fait fouffrir par fa faute.

Pour les engagemens du fecond ordre, comme il dépend de la liberté des contraftans de modifier différemment leurs conventions, le Droit Naturel ordonne de tenir fidellement ce dont on eft convenu, & de fe conformer aux lois de l'état dans lequel on vit, fi l'on veut que le contrat foit valide en juftice. Les conditions que l'on ajoute communément au contrat de vente font de plufieurs fortes.

1°. Ou l'on achete argent comptant, ou à crédit; c'eft-à-dire, à condition que la marchandife ne fera payée qu'un certain temps après la délivrance.

2°. Quelquefois l'on vend une chofe à la charge, que fi dans un certain temps on en trouve davantage, il nous fera permis de la vendre à un autre. C'eft ce que les Jurifconfultes appellent *addictio in diem* (a).

3°. Il y a fouvent dans la vente une *claufe commiffoire*, par laquelle on convient, que fi l'acheteur ne paye pas dans le temps marqué, la vente fera nulle : c'eft-à-dire, fi le vendeur le trouve à propos; car c'eft en fa faveur que la claufe eft ajoutée (b).

Mais il n'eft pas poffible que tous les hommes achetent & ayent en propre tout ce dont ils ont befoin, ni qu'ils faffent tout par eux-mêmes. D'un autre côté, il ne feroit pas jufte que l'ufage des chofes d'autrui ou de leur induftrie & de leur travail, fût toujours gratuit. Il a donc été néceffaire que l'on en fît com-

---

(a) Leg. I. D. *De in diem addict.* Lib. XVIII. Tit. II.
(b). Leg. II. III. & V. D. *De leg. commiff.* Leg. XVIII. Tit. III.

merce, & c'est ce qui a donné lieu au *contrat de louage*. Le *louage* donc en général est un contrat, par lequel l'un donne à l'autre, moyennant un certain loyer ou un salaire, l'usage & la jouissance d'une chose, ou de son travail & de son industrie, pour un certain temps. L'on appelle le *Bailleur* celui qui fournit son travail, son industrie, ou une chose qui lui appartient ; l'autre s'appelle le *Preneur*. Les principales regles de ce contrat sont les suivantes.

1°. C'est l'ordinaire de régler d'avance le loyer ou le salaire. Mais si l'on ne l'a point fait, on présume que les parties s'en tiennent à ce qui se fait ordinairement.

2°. Celui qui loue son bien doit fournir la chose en état de servir aux usages pour lesquels on la prend à louage, dans le temps marqué, & de la maniere & sur le pied dont on est convenu.

3°. Il doit l'entretenir dans cet état-là, & faire à cet égard les dépenses nécessaires, ou les rembourser au preneur, à moins que celui-ci ne se soit engagé par le contrat à les faire lui même.

4°. Il doit laisser jouir le locataire jusqu'au temps du bail expiré : à moins qu'il ne survienne quelque cas qui est censé

excepté : comme, si le locataire ne payoit
pas le loyer : s'il se comportoit mal ; qu'il
ruinât la maison, ou qu'il s'en servît
d'une manière illicite & contraire aux
bonnes mœurs : si le maître veut y habiter
lui-même, ou bien y faire quelques réparations nécessaires. Mais dans ces deux
derniers cas le propriétaire est obligé de
dédommager le locataire.

5°. C'est encore un devoir du maître
de dédommager le locataire de ce que
celui-ci souffre, par un effet des vices de
la chose, que le maître connoissoit, ou
qu'il devoit connoître.

Celui qui loue doit 1°. vaquer fidellement au travail, ou à l'ouvrage dont il
s'est chargé.

2°. Le fournir, autant qu'il lui est
possible, dans le temps convenu.

3°. Ne pas l'abandonner sans quelque
grande raison.

4°. Enfin, il doit répondre des dom-
mages qu'il peut avoir causés par sa négligence, ou même par son ignorance ;
à moins que celui pour qui il travailloit,
connoissant son peu d'habileté, n'ait passé
par-dessus cette considération. Le preneur
de son côté est tenu de jouir de ce qu'il
tient à louage, en bon père de famille, de
payer exactement le loyer ou le salaire

promis, & enfin de dédommager le propriétaire du tort qu'il peut lui avoir causé par sa négligence.

5°. Si la chose louée vient à périr, sans qu'il y ait de la faute du preneur, nonseulement il n'est point tenu de la payer ; mais dès ce moment-là le loyer ne court plus.

6°. S'il arrive quelque accident qui diminue les fruits d'un fonds qu'on a donné à ferme, le propriétaire n'est pas obligé à la rigueur de relâcher du prix du bail : car comme le fermier n'est pas tenu de payer une plus grosse rente, lorsqu'il fait une plus abondante récolte, de même aussi il ne peut pas demander la diminution pour quelque perte ; l'un compense l'autre.

Le *prêt à consomption* (*mutuum*) est une convention par laquelle on donne à quelqu'un une chose susceptible de remplacement, à la charge qu'il nous rende dans un certain temps, autant qu'il a reçu de la même espece & de la même qualité.

Les choses que l'on prête à consomption sont appellées susceptibles de remplacement ou d'équivalent ; parce que chacune tient lieu de toute autre semblable, de sorte que, quiconque reçoit autant qu'il a donné, de la même espece & de pareille qualité, est censé recevoir la même chose précisément. Tel est l'argent monnoyé, l'or massif, & les autres métaux non travaillés, le blé, le vin, le sel, l'huile, en un mot tout ce qui se donne au poids, au nombre, ou à la mesure.

On désigne ces sortes de choses par le nom de *quantité*; au lieu que les autres sont appellées *des choses en espece*. Les Jurisconsultes les appellent *res fungibiles*. Pour mieux comprendre cela, il faut remarquer qu'on ne sauroit user de l'argent, des grains, des liqueurs, & des autres choses semblables, qu'en les consumant, ou en cessant de les avoir. C'est un effet de l'ordre de Dieu, qui destinant l'homme au travail, lui a rendu ces sortes de choses si nécessaires, & les a fait telles qu'on ne les a que par le travail, & qu'on cesse de les avoir lorsqu'on en use; afin que ce besoin qui revient toujours, oblige à un travail qui dure autant que la vie. Il se fait donc dans le prêt à consomption une aliénation de la chose prêtée, & celui qui l'emprunte devient le propriétaire, car autrement il n'auroit pas le droit de la consumer. *Inde mutuum appellatum est, quia itâ à me tibi datur, ut ex meo tuum fiat* (*).

Celui qui prête s'appelle *créancier*, à cause de la créance qu'il a fur la foi de celui à qui il prête; & celui qui emprunte s'appelle *débiteur*, parce qu'il doit rendre la même fomme, ou la même quantité qu'il a empruntée.

Le devoir du débiteur eft de rendre la même fomme, ou la même quantité qu'il a empruntée, au terme dont on eft convenu. Les accidens, les cas fortuits tombent fur celui qui a emprunté; & quoiqu'il n'ait pas profité de l'emprunt, il ne laiffe pas d'être obligé de rendre autant qu'il a reçu, parce que par le prêt, il eft devenu le maître.

Au refte, l'on prête gratuitement & fans prétendre rien au-delà de ce qu'on a donné, ou en ftipulant du débiteur un certain profit qui fe nomme *ufure* ou *intérêt*. L'ufure ou l'intérêt eft une reconnoiffance proportionnée à la fomme qu'un propriétaire d'argent monnoyé prête à une perfonne qui la lui demande dans un befoin preffant. Cette reconnoiffance réduite au vingtieme ou au vingt-cinquieme denier, eft très-conforme au droit naturel.

Car fi une fociété de commerce eft conforme au droit naturel, l'ufure réduite au vingtieme ou au vingt-cinquieme doit l'être aussi. Celui qui prête & celui qui emprunte composent une société de commerce; avec cette seule différence, que dans ce cas, celui qui prête ne risque point, pendant que celui qui emprunte risque le tout. Mais aussi celui qui risque, peut faire valoir l'argent au 10. au 20. au 30. & plus encore, pour 100. tandis que celui qui ne risque point se contente du quatre ou du cinq. Ainsi il y a compensation de part & d'autre.

D'ailleurs, si l'usure n'étoit pas conforme au droit naturel, il n'y auroit point de contrat onéreux qui le fût. Car dans tout contrat onéreux l'on se rend des services réciproques à l'avantage des contractans. Or quel plus grand service un homme peut-il rendre à un autre dans un besoin pressant, que de lui prêter une certaine somme pour tirer celui-ci d'embarras? Car, qui est-ce qui demande à emprunter? C'est un voisin que je mets à portée d'arranger des affaires qui le ruinoient en procès, ou de profiter d'une conjoncture pour faire une acquisition avantageuse. C'est un autre qui de mes deniers rétablit une maison qu'on n'habitoit point depuis long-temps, faute de réparations; ou qui vient à bout d'éteindre une rente foncière & seigneuriale, tandis que je lui donne du temps pour me rembourser à son aife. C'eft un troifieme qui n'a guere que l'envie de bien faire, & à qui je fournis le moyen d'entreprendre un bon négoce, ou de donner plus d'étendue à celui qu'il faifoit auparavant, & qu'il voit profpérer. Voilà bien des avantages réels que je procure par le prêt à mon prochain. Je pourrois, à la vérité, les lui procurer fans intérêt, fur-tout fi mes circonftances me le permettent : mais fi cette grandeur d'ame me manque; fi les capitaux que je prête, font ceux mêmes qui doivent me fournir une honnête fubfiftance, fais - je quelque injure à mon prochain en lui demandant une reconnoiffance raifonnable de ce que je lui prête ? Comment peut-on trouver de l'injuftice dans ce procédé ?

Deux remarques mettront encore dans un plus grand jour la force de mon raifonnement. La premiere, c'eft que l'on ne prête pas à intérêt ordinairement aux pauvres : c'eft-à-dire à ceux qui empruntent pour vivre; le véritable prêt que le droit naturel prefcrit alors, c'eft l'aumône. On ne prête donc qu'aux perfonnes aifées & qui font en état de rendre; & cela toujours en vue d'en tirer bien au-de-là de l'intérêt qu'ils payent. La feconde remarque, c'est que les créanciers ne sont pas toujours en sûreté de leurs fonds prêtés. Ils pourroient placer leur argent dans les fonds publics, & vivre dans une parfaite sûreté; mais au lieu de cette sage précaution, ils cedent aux sollicitations d'un particulier; ils lui donnent la préférence, ils livrent leur bien entre ses mains, à condition de l'intérêt ordinaire; condition au reste que les créanciers remplissent eux-mêmes toutes les fois qu'ils empruntent. Peut-on dire qu'il y ait de l'injustice dans leur procédé? N'est-il pas vrai plutôt qu'ils pechent contre eux-mêmes en s'exposant à des risques visibles, & qu'ils ont tort de céder à des sentimens d'humanité dont ils deviennent souvent les victimes; tandis que les dévots armés d'une sévere prudence, ou plutôt d'une impitoyable hypocrisie, se contentant de damner les usuriers, laissent crier les importuns, & font de leur argent des emplois plus sûrs & plus utiles. Il n'y a qu'à voir l'usage que font de leur argent les Moines, ces impitoyables ennemis de l'usure bienfaisante & conforme aux devoirs de l'humanité. Or, lequel mérite mieux le nom de *juste* & de *bienfaisant*, de celui qui hasarde ses fonds, pour nous aider au besoin en stipulant l'intérêt ordinaire, ou de celui qui, sous prétexte d'abhorrer l'usure, met son argent dans le commerce ou à des acquisitions solides ; qui en conséquence ne prête à personne, & abandonne ainsi les gens dans leurs détresses, sans leur donner un secours, qui leur seroit très - profitable & qui dépend de lui ?

Mais par quelle fatalité l'argent ne seroit-il donc plus, comme autrefois, susceptible de louange ? On disoit anciennement, *locare nummos*, louer de l'argent, le prêter à profit : de même *conducere nummos*, prendre de l'argent à louage. C'est le Christianisme, dit-on, qui a banni ces expressions profanes. Mais si ces expressions marquent des actions conformes à la justice, à la bienfaisance, à l'humanité, comme nous venons de le démontrer, osera-t-on dire que le Christianisme en ait proscrit les expressions ? Veut-on mettre le Christianisme en opposition avec les lois de la nature ? Au reste les dévots les ignorent entièrement.

Enfin, pourquoi l'argent, le plus commode de tous les biens, seroit-il le seul dont on ne pût tirer profit ? Et pourquoi son usage seroit-il plus gratuit, par exemple, que la consultation d'un Avocat, ou d'un Médecin, que la sentence d'un Juge,

ou le rapport d'un Expert, que les opé-
rations d'un Chirurgien, ou les vacations
d'un Procureur? Tout cela, comme on
fait, ne s'obtient qu'avec de l'argent. On
ne trouve pas plus de générosité parmi les
possesseurs des fonds. Que je demande
aux uns quelque portion de terre pour
plusieurs années, je suis par-tout écon-
duit si je ne m'engage à payer : que je
demande à d'autres un logement à titre
de grace, je ne suis pas mieux reçu que
chez les premiers. Je suis obligé de payer
l'usage d'un meuble au tapissier, la lecture d'un livre à un libraire, &c. Ainsi
sentant l'utilité de l'argent qui devient
nécessaire à tous, j'emprunte dans mon
besoin chez un homme pécunieux; &
n'ayant trouvé jusqu'ici que des gens attachés qui veulent tirer profit de tout,
qui ne veulent prêter gratis ni terres, ni
maisons, ni soins, ni talens, je ne suis
plus surpris que mon prêteur d'especes en
veuille aussi tirer quelque rétribution, &
je souffre, sans murmurer, qu'il m'en fasse
payer l'usure ou le louage. C'est ainsi
qu'en réfléchissant sur l'esprit d'intérêt qui
fait agir tous les hommes, & qui est
l'heureux, l'immuable mobile de leurs
communications, je vois que la pratique
de l'usure ordinaire n'est ni plus crimi-

nelle ni plus injufte que l'ufage refpec-
tivement utile de louer des terres, des
maifons, &c. Je vois que ce commerce
vraiment deftiné au bien des parties in-
téreffées, eft de même nature que tous
les autres, & qu'il n'eft en foi ni moins
honnête, ni moins avantageux à la fociété. Ce qui fit dire à Saumaife dans le
favant traité qu'il a fait fur cette matiere,
qui mérite d'être confulté, que la pratique de l'ufure n'eft pas moins néceffaire
au commerce que le commerce l'eft au
labourage : *Ut agricultura finè mercaturâ
vix poteft fubfiftere..... ita nec mercatura
finè fœneratione ftare.*

Concluons donc, que dans le prêt à
intérêt il n'y a pas la plus légere apparence
d'injuftice : on y trouve au contraire une
utilité publique & réelle, en ce que c'eft
une facilité de plus pour les viremens
du commerce. Or en fait de commerce,
ce qui eft réciproquement utile, eft néceffairement équitable. Qu'eft-ce, en
effet, que l'équité, fi ce n'eft l'égalité
conftante des intérêts refpectifs, *æqui-
tas ab æquo ?* Quand la balance eft dans
un parfait équilibre, la juftice s'y trouve :

Scis etenim juftum geminâ fufpendere lance (*).

____

(*) Perfe IV, 10.

Qu'on reconnoisse donc ce grand principe de tout commerce dans la société :
*l'avantage réciproque des contractans est la
commune mesure de ce que l'on doit appeler
juste :* car il ne sauroit y avoir d'injustice
où il n'y a point de lésion. C'est cette
maxime toujours vraie, qui est la pierre
de touche de la justice : & c'est elle qui
a distingué le faux nuisible d'avec ce qui
ne préjudicie à personne : *nullum falsum
nisi nocivum.*

Le contrat de société est une convention par laquelle deux ou plusieurs personnes mettent en commun leur argent,
leurs biens, ou leur travail, dans la vue
de partager entr'eux le gain, & de supporter la perte qui en arrivera à chacun
à proportion qu'il contribue du sien, ou
selon la maniere dont ils sont convenus.
Les associés doivent se regarder comme
des freres, & travailler aux affaires communes, avec toute la fidélité & le soin
dont ils sont capables. Ils ne doivent pas
rompre la société à contre-temps, ou
d'une maniere qui tourne au préjudice
des autres associés.

La part que chacun des associés doit
avoir aux pertes, se regle, ou suivant
la proportion de leur part au fonds, ou
selon qu'il a été convenu entr'eux. Si les

associés n'avoient déterminé que la portion du gain, celle de la perte seroit-réglée sur le même pied. D'ailleurs, comme chacun des associés peut contribuer différemment, les uns plus, les autres moins, de travail, d'argent ou d'autres choses, il leur est libre de régler différemment leurs portions au gain & à la perte, à proportion de la différence de ce qu'ils contribuent. Mais il est contre la nature des sociétés, que toute la perte soit d'une part sans aucun profit, & tout le profit de l'autre sans aucune perte. Car toute société doit être faite pour l'avantage commun des associés.

Outre les différens contrats dont nous avons parlé, il y en a d'autres qui ont ceci de particulier, c'est qu'il y entre du hasard; c'est-à-dire, que le succès de la convention en faveur de l'un ou de l'autre des contractans, dépend, ou en tout ou en partie d'un événement incertain. Telles sont les gageures, la plupart des jeux, les loteries, le contrat d'assurance, &c.

Il est de la nature de ces conventions que les contractans donnent un consentement indéfini & d'avance à tout événement; & par conséquent celui à qui il n'est pas favorable, ne sauroit raisonnablement se plaindre de la perte qui lui arrive, à laquelle il s'est soumis volontairement & avec connoissance. Si donc, les contractans sont dans la bonne foi, quel que soit l'événement, & quoique l'un ait tout le profit, & l'autre toute la perte, on ne doit faire aucune attention à cette inégalité, & on ne sauroit exiger aucun redressement. C'est la loi générale de ces sortes de contrats.

Les *gageures*, *sponsiones*, sont des conventions, par lesquelles deux personnes dont l'une affirme & l'autre nie un événement, ou à venir, ou déjà passé, ou bien quelque autre chose, déposent ou promettent de part & d'autre une certaine somme que doit gagner celui dont l'affirmation se trouvera conforme à la vérité.

Ces sortes de conventions sont en elles-mêmes permises, pourvu qu'elles ne roulent pas sur des choses déshonnêtes ou illicites. Au reste, il est de la prudence des Souverains & des Magistrats de ne permettre & de n'autoriser les gageures, que lorsqu'elles sont modiques, & proportionnées à la fortune de ceux qui les font. Ce seroit sans doute un mal pour les familles & pour la société, si l'on permettoit aux particuliers de mettre ainsi toute leur fortune au hasard.

A l'égard des jeux, on en diftingue de trois fortes : des jeux d'*adreſſe*, des jeux *de hasard*, & des jeux *mixtes*, qui font mêlés de hafard & d'adreſſe. Il y a pluſieurs réflexions importantes à faire fur les jeux.

1°. La premiere, c'eſt que le jeu ne doit point être confidéré comme un commerce, ou une occupation : mais plutôt comme un délaſſement, & une eſpece de récréation.

2°. Cette récréation n'a rien que d'honnête en elle-même, pourvu que l'on demeure dans les termes d'une fage modération, & que l'on y employe ni trop de temps, ni de trop groſſes fommes.

3°. Ceux qui font du jeu leur occupation ordinaire, & pour ainſi dire leur profeſſion, pechent manifeſtement contre la loi naturelle. Car, fans parler des paſſions qui accompagnent pour l'ordinaire le jeu, quand on s'y livre entiérement, & des injuſtices qui en font les fuites, cette eſpece de profeſſion & de commerce étant fondée fur la fineſſe, c'eſt-à-dire, allant à enrichir les uns au préjudice des autres ; elle doit être regardée comme tout-à-fait anti-fociable. Lors donc que l'on dit que la profeſſion du jeu eſt contre la loi naturelle, cela doit s'entendre plutôt

des fuites du jeu, que du jeu en lui-
même ; car fuivant la loi naturelle, les
jeux même de hafard n'ont rien d'injufte ; puifque, outre que l'on s'engage
au jeu de plein gré, chaque joueur ex-
pofe fon argent à un péril égal : chacun
auffi, comme nous le fuppofons, joue
fon propre bien, dont il peut par conféquent difpofer.

4°. L'expérience fait voir que les jeux
de hafard font beaucoup plus dangereux
que les jeux d'adreffe : comme ce n'eft
pour l'ordinaire qu'un vil intérêt qui eft
l'ame de ces jeux, ils font auffi accom-
pagnés le plus fouvent de toutes les fuites
que peut produire une paffion auffi baffe
& auffi indigne de l'homme.

5°. Quelque jeu que l'on joue, il faut
le faire avec un noble défintéreffement,
qui faffe connoître que c'eft bien moins
dans la vue de gagner que l'on joue, que
par maniere de récréation & de délaffe-
ment. C'eft à quoi tout le monde doit
faire attention, mais fur-tout les perfonnes
d'une naiffance diftinguée.

6°. Enfin, il faut inviolablement ob-
fervei dans le jeu, la fage maxime d'un
ancien Philofophe : « Quand on court
» dans la lice, il faut faire de fon mieux
» pour remporter le prix ; mais il n'eft

» pas permis de tendre la jambe à son
» concurrent, ni de le repouſſer de la
» main (*a*). »

Ces réflexions font aſſez ſentir combien les Souverains ſont intéreſſés à empêcher que les particuliers ne faſſent un mauvais uſage de leur temps & de leur bien, & à mettre des bornes à la permiſſion de jouer. Dans les beaux jours de la République Romaine, la maiſon où on avoit joué, étoit confiſquée (*b*). On pouvoit maltraiter & injurier impunément celui qui avoit donné à jouer : la loi lui refuſoit toute action à cet égard (*c*). Et enfin on avoit cinquante ans pour redemander l'argent qu'on avoit perdu (*d*).

Le *contrat d'aſſurance* eſt une convention, par laquelle, moyennant une certaine ſomme, on aſſure des marchandiſes qui doivent être tranſportées, ſur-tout par mer ; en ſorte que ſi elles viennent à périr, on eſt obligé d'en payer la valeur : l'Aſſureur peut exiger plus ou moins, ſelon qu'il y a plus ou moins de péril. Mais le contrat ſeroit nul, ſi l'aſſureur ſavoit que les mar-

---

(a) Cic. *De Offic.* Lib. III. cap. 10.
(b) L. ult. C. *De Aleat.* lib. XI. Tit. V.
(c) L. I. pr. & ſ. 3. D. *De Aleat.* lib. II. Tit. V.
(d) L. I. C. *De Aleat.*

chandifes étoient déjà arrivées à bon
port, ou fi le propriétaire des marchandifes avoit déjà reçu avis de leur perte.
L'on peut encore rapporter ici l'achat
d'une efpérance incertaine ; comme quand
on achete la chaffe que fera un chaffeur,
ou la pêche d'un pêcheur. Car quoique
la chaffe ou la pêche fe trouvent valoir
beaucoup plus que ce que l'on avoit
promis , ou quoiqu'elles ne produifent
rien , le contrat doit avoir fon exécution.

Enfin , les *contrats acceffoires* font ceux
qui ne fe font pas par eux-mêmes , mais
qui fuppofent d'autres dont ils font la
fûreté : il y en a deux principaux ; le *cau-*
tionnement, & le *gage* ou l'*hypotheque.*

Le cautionnement eft une convention
par laquelle , pour une plus grande fûreté d'un créancier , quelqu'un prend fub-
fidiairement fur foi l'obligation d'autrui ;
en forte que fi le débiteur principal ne fatisfait pas le créancier , la caution eft tenue
de payer pour lui , fauf à elle à avoir fon
recours contre le débiteur , pour fe faire
rendre ce qu'elle a donné en fon nom &
de fa part.

Le cautionnement n'étant qu'un acceffoire d'un contrat , il eft clair que la caution ne peut point être obligée au-delà
de ce à quoi eft tenu le débiteur principal.

Si donc celui-ci ne s'engage que sous condition, la caution ne doit rien avant que la condition ait eu son accompliſſement. On ne ſauroit non plus exiger qu'elle paye en un autre lieu, ou en un autre temps, qu'il n'avoit été ſtipulé du débiteur. Elle eſt auſſi en droit de ſe pré-valoir des exceptions en fins de non-recevoir, que le débiteur auroit pu oppoſer, & qui ſuivent de la nature même du contrat principal.

Comme les femmes ſe laiſſent aiſément gagner ſur ce chapitre, les lois Romaines y ont ſagement pourvu par le bénéfice du *Sénatus-Conſulte Velléien*, qui portoit que les femmes ne pouvoient s'obliger pour qui que ce fût (*).

Il eſt auſſi naturel que le créancier demande ſon payement au débiteur principal, avant que de s'adreſſer à la caution : car la caution ne s'oblige que ſubſidiairement, & au cas que le débiteur principal ne puiſſe pas payer. Après quoi, s'il ne peut rien tirer de celui-ci, il pourra s'en prendre à la caution. C'eſt ce que les Interpretes du Droit Romain appellent *bénéfice de diſcuſſion*, ou *de poſtérité : Beneficium excuſſionis & ordinis.*

(*) Dıgest. Lib. XVI. Tit. I. Leg. I. §. I.

L'autre

L'autre forte de convention acceffoire qui fert de fûreté aux contrats, c'eft le gage ou l'hypotheque, par lequel le débiteur met entre les mains du créancier, ou lui affecte, pour fûreté de fa dette, une chofe dont le créancier ne fe deffaifit point qu'il n'ait été fatisfait. De-là vient que le gage ou l'hypotheque vaut ordinairement plus que ce que l'on prête.

Quelquefois l'on convient que le créancier retirera les revenus de la chofe qu'il a en gage, pour lui tenir lieu d'intérêt de fon argent : c'eft ce que l'on appelle un *pacte d'antichrefe.* Ce qui doit s'entendre des gages qui apportent quelque revenu ; car il y en a d'autres qui font ftériles, & à l'égard defquels on ftipule fous une claufe commiffoire, en vertu de laquelle, fi on ne retire le gage dans un certain temps, il demeure au créancier. Par conféquent, fi le débiteur ne paye pas au temps marqué, le créancier peut vendre le gage ou l'hypotheque pour être payé, ou le garder pour lui à un jufte prix ; bien entendu que cela ait été ftipulé dans l'acte de la convention.

Auffi long-temps que le créancier tient le gage entre fes mains, il doit en prendre autant de foin que de fes biens propres ; & auffi-tôt qu'il eft fatisfait, il doit

le reſtituer au débiteur. Mais ſi, ſans qu'il
y ait de ſa faute, le gage vient à périr
par un cas fortuit, il ne laiſſe pas de con-
ſerver ſon droit, qui ſe tranſporte ſeulement ſur les autres biens du débiteur ;
quoiqu'il ne puiſſe pas exiger que le débiteur lui donne une autre choſe en gage,
à la place de celle qui eſt perdue ; à moins
qu'on n'en fût ainſi convenu dans le premier engagement.

L'*hypotheque* ne differe du gage proprement ainſi nommé, qu'en ce que le gage
regarde des choſes mobiliaires, qu'on dé-
livre actuellement au créancier ; au lieu
que l'hypotheque conſiſte à lui aſſigner
& à lui affecter ſeulement une certaine
choſe, ſur-tout un immeuble, au moyen
duquel il puiſſe ſe dédommager, au cas que
le débiteur ne le paye pas. Car les choſes
mobiliaires pouvant être aiſément em-
portées, elles n'aſſureroient pas le payement de la dette, ſi elles étoient ſimple-
ment hypothéquées. Cette diſtinction peut
être d'uſage parmi les citoyens d'un même
état. Car la néceſſité obligeant ſouvent
d'emprunter pour quelque temps, & chacun n'ayant pas toujours à donner en
gage des choſes mobiliaires, dont la valeur égale la ſomme que l'on emprunte,
il ſeroit fâcheux à un débiteur de remettre

d'abord à son créancier ses terres ou sa maison. Il suffit donc que l'on affecte au créancier, pour sûreté de la dette, un bien immeuble, qui ne sauroit être enlevé, & dont on peut toujours être mis en possession par les Juges.

On est dégagé en différentes manieres des engagemens où l'on étoit entré par quelque convention, & par conséquent des devoirs qui en résultent. La maniere la plus naturelle, est d'effectuer ce dont on étoit convenu : *Tollitur autem omnis obligatio, solutione ejus quod debetur* (*).

La *compensation* est un autre moyen de se libérer d'un engagement. C'est l'acquit réciproque de deux personnes, qui se trouvent débiteurs l'un de l'autre d'une chose de même espece, & de même valeur, bien entendu que la dette soit liquide de part & d'autre.

On est encore libéré d'une obligation, lorsque celui envers qui l'on étoit engagé veut bien nous en *tenir quittes*. Car rien de plus certain que la maxime qui porte, que chacun peut renoncer à son droit.

Les engagemens réciproques se résol-

---

vent par un *dédit* mutuel des parties; à moins que quelque raison particuliere, ou quelque loi positive, ne défende de rompre le marché une fois fait. Car il eſt hors de doute, que les lois poſitives peuvent défendre, en matiere de certaines ſortes de conventions, de rompre les engagemens où l'on eſt une fois entré, lors même qu'ils n'ont été ſuivis d'aucune exécution; en matiere de mariage, par exemple, quoiqu'il ne ſoit pas encore conſommé.

L'*infidélité* de l'un des contractans, qui ne tient pas ſa parole, dégage l'autre de la ſienne, & anéantit ou plutôt rompt l'engagement de celui-ci. La raiſon en eſt, que les engagemens reſpectifs des parties ſont renfermés l'un dans l'autre en forme de conditions tacites.

Les engagemens qui étoient uniquement fondés ſur un certain état de perſonnes, s'évanouiſſoient dès le moment que cet état ne ſubſiſte plus. Ainſi un citoyen n'eſt plus obligé d'obéir aux Magiſtrats d'une République, du moment qu'il paſſe dans un autre état, ou lorſque ceux qui étoient Magiſtrats ne le ſont plus.

Le temps ſeul anéantit les engagemens, dont la durée dépendoit d'un certain terme fixe. Que fi on veut les continuer après cela, il faut une nouvelle convention, qui n'eft quelquefois que tacite.

Enfin *la mort* anéantit les engagemens purement perfonnels, dont elle rend l'exécution impoffible. Mais fi les engagemens du défunt étoient réels, les héritiers, qui fuccedent aux biens, font obligés de les remplir. Voyez fur cette Leçon, Bur-LAMAQUI, IV. Partie, Chap. XII. & XIII. Tom. IV. Domat, *Lois civiles,* &c. Partie I. Liv. I. Tit. I..... VIII. Puffendorf, Liv. V. Chap. II...... XI. Grotius, Liv. II. Chap. XII. &c.

LEÇON XXIX.

Du Mariage.

LA matiere du Mariage est des plus importantes dans la Morale. Car cette société étant le principe & le fondement de toutes les autres, il étoit nécessaire de la diriger par de sages lois ; & l'expérience n'a que trop fait voir, qu'un abandon inconsidéré de l'homme aux plaisirs de l'amour, entraîne après lui les suites les plus funestes. En effet, avant l'établissement des sociétés civiles, les deux sexes dans le commerce qu'ils avoient ensemble, ne suivoient que leurs appétits brutaux. Les femmes appartenoient à celui qui s'en saisissoit le premier :

Quos venerem incertam rapientes more ferarum,
Viribus editior, cædebat, ut in grege taurus (*).

Il étoit donc de la derniere conséquence d'établir de la regle & de la tranquillité

(*) Horat. Lib. I. Sat. 3. v. 109.

dans le commerce des deux sexes, d'af-
surer la subsistance des enfans, & de
pourvoir à leur éducation. On n'y est
parvenu qu'en assujettissant à de certaines
formalités l'union de l'homme avec la
femme.

Concubitu prohibere vago, dare jura maritis (*).

Les lois du mariage ont mis un frein à
une passion qui ne voudroit en reconnoître aucun : en déterminant les degrés
de consanguinité qui rendent les alliances
illégitimes, elles ont appris aux hommes
à connoître & à respecter les droits de la
nature ; enfin, en constatant la condition
des enfans, elles ont assuré des citoyens
à l'Etat, & donné aux sociétés une forme
fixe & assurée. Il n'y en a point qui ayent
plus contribué à entretenir l'union & la
paix parmi les hommes. Aussi l'institution
de ces lois est très-ancienne.

Mais dans la recherche de ces lois, il
faut prendre garde de ne pas confondre
les lois positives, soit divines, soit humaines, avec les lois naturelles. Cette
confusion a souvent jeté de l'embarras
sur cette matiere.

(*) Horat. *De Art. Poet.* v. 398.

Il faut remarquer encore., qu'en matiere de droit naturel, la preuve que l'on tire des mœurs & du consentement des nations, ou des sentimens des Philosophes, n'est pas suffisante pour établir que telle ou telle chose est de droit naturel. On sait assez combien les nations, même les plus sages & les plus éclairées, se sont égarées sur les choses les plus importantes.

La premiere chose qui se présente, quand on examine la nature de l'homme à l'égard des plaisirs de l'amour, c'est cette inclination naturelle qui les y porte, inclination qui est une suite des lois physiques du corps humain ; car telle est sa constitution, que lorsque rien ne lui manque, l'homme ne sauroit éviter & le désir des plaisirs de l'amour, & le vif sentiment de ce violent penchant. Telle est donc la disposition physique que l'Auteur de la nature a voulu employer pour porter l'homme par l'attrait du plaisir, à travailler à se reproduire, comme il l'a engagé par le même moyen à se conserver, en satisfaisant au sentiment qui le porte à prendre de la nourriture ; il ne s'occupe dans l'un & dans l'autre cas que de la sensation agréable qu'il se procure, tandis qu'il remplit réellement l'objet le plus noble, le plus important qu'ait pu se pro-

poser le Conservateur suprême de l'individu & de l'espece.

Mais quelque naturelle que soit cette
inclination, quelque vivacité qu'elle ait
par elle - même, il ne faut pourtant pas
conclure de-là qu'elle ne doive être assu-
jettie à aucune regle, ou que l'homme
puisse s'y livrer sans réserve, & satisfaire
de quelque maniere que ce soit, ses désirs. Au contraire, l'homme se trouve en
cela d'autant plus intéressé à suivre les
ménagemens les plus sages, que l'expérience de tous les jours nous montre que
les plus grands désordres & les plus grands
malheurs sont les suites inévitables d'un
abandon inconsidéré de l'homme aux vo-
luptés & aux plaisirs. Ajoutons encore, que
plus les aiguillons de l'amour sont vifs,
& plus la raison doit aller au devant des
désordres qu'il pourroit causer.

Il faut remarquer ici, que l'envie de
satisfaire ce désir naturel, formée par les
aiguillons de l'amour, étant une suite nécessaire d'une cause mécanique, c'est-à-
dire, de l'éréthisme des fibres nerveuses,
des organes de la génération, cette envie,
dis-je, n'est pas criminelle, à moins qu'elle
ne soit suivie par des actes illégitimes, ou
qu'elle ne soit excitée par l'intempérance
ou par l'habitude. Les Casuistes, qui n'ont

pas distingué ce qui est naturel d'avec ce qui est volontaire, ont fréquemment donné des décisions très - absurdes, en condamnant comme criminelles dans l'homme les actions naturelles les plus inévitables.

Remarquons encore, que l'envie de satisfaire cet instinct naturel, ne doit pas être tellement confondue avec la propagation de l'espece, que toutes les fois que la derniere fin manque, la premiere soit absolument illégitime. Pour ne rien dire du mariage des personnes âgées que l'on ne sauroit prouver être par lui - même absolument mauvais ; il y a des personnes de l'un & de l'autre sexe, qui dans la fleur même de leur âge sont incapables ou par quelque accident, ou par un défaut naturel, de mettre des enfans au monde, & ne laissent pas d'ailleurs de sentir les mêmes désirs que ceux qui sont les plus propres à la multiplication : supposé que cette incapacité soit connue, comme elle l'est quelquefois d'une maniere à n'en pouvoir douter, faudra-t-il condamner de telles gens à une abstinence insupportable ?

Pour connoître les regles que la raison présente à l'homme sur le mariage, il n'y a qu'à faire attention au but que Dieu s'est proposé en formant l'homme suscep-

tible des plaisirs de l'amour. La fin principale que la Providence s'est proposée,
c'est sans doute la conservation du genre
humain. L'homme étant par sa nature assujetti à la mort, il auroit fallu nécessairement, ou que Dieu créât tous les jours
de nouveaux hommes, ou que le genre
humain pérît avec la premiere génération,
s'il n'avoit pas établi un moyen de réparer
les pertes de la société.

Mais le but de Dieu n'est pas seulement
que l'homme travaille à la multiplication
du genre humain ; il veut encore qu'il
s'applique à cet ouvrage important, d'une
maniere qui soit digne d'un être raisonnable & sociable, & qui pourvoie sur-
tout à l'intérêt des enfans. Cela emporte
plusieurs choses : le soin du corps & de
la santé, l'entretien & la perfection des
facultés de l'ame, une attention constante
aux intérêts de la société humaine, la
nourriture & l'éducation des enfans. Or,
seroit-il convenable à un être raisonnable
& intelligent, de s'abandonner si aveu-
glément aux premiers mouvemens de la
nature, que les plaisirs qu'il cherche de-
vinssent pour lui, une source féconde de
douleurs & d'amertumes ; que son corps
affoibli, & son esprit tombé dans la lan-
gueur, le réduisissent à un état pire que

la mort même ? Conviendroit-il d'ailleurs à l'homme qui fait partie de cette société, & qui est né pour elle, de se livrer aux plaisirs, au préjudice de cette même société, & d'une maniere qui en troublât l'ordre & la douceur ?

Enfin, il faut sur-tout avoir égard ici à ce que demande l'avantage des enfans dont la nourriture & l'éducation sont le but principal de la Providence. La société se trouve même si particuliérement intéressée en cela, que l'on peut dire que l'attention ou la négligence des hommes là-dessus, est la cause prochaine du bonheur ou du malheur de la société en général, de celui des familles & des particuliers qui les composent. Horace attribue les malheurs de Rome & les guerres civiles à la violation des lois matrimoniales (*).

L'on peut donc conclure de ces réflexions, que l'on ne doit pas regarder le mariage simplement comme une société qui se termine uniquement à l'union de deux personnes de différent sexe, pour leur avantage particulier, ou pour leur plaisir ; mais qu'il faut au contraire l'en-

______

(*) Lib. III. Od. VI. v. 17. & suiv.

viſager comme une ſociété relative, &
pour ainſi dire, préparatoire à la ſociété
paternelle & à la famille. C'eſt ce que
l'on ne doit point perdre de vue. L'on
peut donc définir le mariage : *La ſociété
d'un homme & d'une femme, qui s'engagent
à s'aimer & à ſe ſecourir, & qui ſe promettent réciproquement leurs faveurs, dans la
vue d'avoir des enfans, & de les élever d'une
maniere convenable à la nature de l'homme,
& à l'avantage de la famille & au bien de la
ſociété.* Et comme toute ſociété renferme
l'union de pluſieurs perſonnes pour leur
avantage commun, la raiſon veut que l'on
pourvoie ici autant qu'il eſt poſſible, au
bien de tous en général, & de chacun en
particulier. C'eſt là loi de l'équité qui le
preſcrit.

Voici donc la regle générale que la
Nature & la raiſon veulent que l'homme
ſuive par rapport au mariage ; c'eſt qu'il
faut avoir égard à ce que demande l'avantage du pere, de la mere & des enfans,
& que c'eſt l'utilité combinée de ces trois
perſonnes, ſagement ménagée entr'elles,
& rapportée en dernier reſſort au bien
de la ſociété, qui doit ſervir ici de principe
& de regle fondamentale.

Faiſons l'application de ces principes
généraux à quelques queſtions particulieres.

La premiere qui se présente, c'est de savoir si un homme qui après examen, a vu qu'il pouvoit, en suivant les regles de la prudence, se marier, est en effet obligé par droit naturel de le faire ? Je suppose que le physique & le moral ne lui ayent rien refusé pour former un vrai pere de famille. Pour peu que l'on examine les vues de la nature, on ne sauroit se déclarer pour la négative.

D'abord, les hommes sont rigoureusement obligés par le droit naturel à tout ce qui contribue essentiellement au soutien de la société : or le mariage en étant le fondement, on ne peut disconvenir que les hommes ne soient obligés par le droit naturel de se marier.

L'âge auquel l'homme commence à être propre à se produire, est celui de la puberté : jusqu'alors la nature paroît n'avoir travaillé qu'à l'accroissement, & à l'affermissement de toutes les parties de cet individu ; elle ne fournit à l'enfant que ce qui lui est nécessaire pour se nourrir & pour augmenter de volume ; il vit, ou plutôt il ne fait encore que végéter d'une vie qui lui est particuliere, toujours foible, renfermée en lui-même, & qu'il ne peut communiquer : mais bientôt les principes de la vie se multiplient en lui ; il acquiert de plus en plus non-seulement tout ce qu'il lui faut pour son être ; mais encore de quoi donner l'existence à d'autres êtres semblables. Voilà la sage économie de la nature ; & il faudroit être bien aveugle pour ne pas en reconnoître les vues. De quel usage sera donc dans un célibataire ce mécanisme admirable des parties destinées à la génération ? La nature aura-t-elle travaillé pour lui en pure perte ? Ajoutons que quoique le célibat nuise plus rarement que l'usage immodéré qu'on peut faire des plaisirs du sexe, cependant la privation est assez souvent une source féconde de maux pour des personnes que la nature avoit particuliérement formées pour le mariage & qui ont beaucoup de tempérament.

L'inclination aussi générale qu'invincible des deux sexes l'un pour l'autre, le plaisir très-sensible que la nature a attaché à la copulation, nous marquent assez clairement qu'ils sont faits l'un pour l'autre ; & que c'est agir contre les vues les plus marquées de la nature, que de ne pas s'unir par un mariage assorti. Comme la gravitation universelle est une propriété générale des corps ; ainsi la tendance d'un sexe contre l'autre est une propriété naturelle & générale de l'homme. Or comme

les lois particulieres de la gravitation universelle produisent les différentes adhésions des parties constituantes ou inté-
grantes des corps, que les Chimistes appellent *affinités* ; ainsi les lois particulieres
de la tendance générale des deux sexes,
qui sont celles d'une raison éclairée, doivent diriger la tendance universelle, &
en fixer les adhésions particulieres. Toute
la différence consiste en ce que la gravitation particuliere, de même que l'universelle, est une force aveugle ; au lieu que
si la tendance générale des sexes l'est aussi,
la nature a laissé à la raison la direction
de la tendance particuliere ; tout comme
après avoir formé l'homme avec un penchant irrésistible au bien en général, elle
a remis entre ses mains le choix des biens
en particulier.

Enfin je demande, le mariage n'est-il
pas un bien ? Les défenseurs les plus outrés
du célibat ne sauroient le contester. Donc
tous les hommes doivent embrasser cet
état. Nous sommes obligés par le droit
naturel d'embrasser avec empressement
tout ce qui est bien, soit physique, soit
moral, soit civil. Or le mariage est un
bien à la fois physique, moral & civil ;
la Nature nous a forni par un appareil
admirable, tout ce qui nous étoit nécef-

faire pour l'embraſſer : ſi nous ne l'em-
braſſons pas, toutes les proviſions de la
Nature ſont pour nous en pure perte ;
& ſouvent même funeſtes, ſoit au phy-
ſique, ſoit au moral, ſoit au civil, &
peut-être à tous les trois enſemble.

Mais ſi les hommes ſont obligés par le
droit naturel de ſe conformer aux vues
de la Nature en ſe mariant, pourquoi les
lois civiles ne rappellent-elles pas à l'état
du mariage ceux d'entre les hommes qui
paroiſſent ſourds à la voix de la Nature ?
Le dégoût pour le mariage eſt une ſuite
naturelle de la corruption des mœurs.
L'hiſtoire de Sparte, d'Athenes, de Rome
nous le démontre. Si l'on veut que les
efforts des lois civiles puiſſent mettre en
honneur le mariage, & faire écouter aux
hommes la voix de la Nature, il faut com-
mencer par réformer les mœurs. Mais,
hélas ! quelle pauvre reſſource pour re-
dreſſer le cœur humain corrompu, que les
lois civiles ! Quelle triſte figure font à
Rome les Cenſeurs, à Athenes les Aréo-
pagites, les Ephores à Lacédémone, lorſque ces reſpectables Magiſtratures ne ſont
plus occupées à prévenir ce qui ſeroit capable d'altérer les mœurs ; mais ſeulement
à les venger, à les remonter lorſqu'elles
ſont déchues !

Quoi qu'il en soit, il est de l'intérêt de la société & du Souverain d'encourager les mariages par tous les moyens possibles ; car non-seulement la principale force d'un Etat consiste dans le nombre des habitans ; mais on a toujours remarqué que les gens mariés, les peres de plusieurs enfans, sont meilleurs citoyens & beaucoup plus attachés au gouvernement, au bien public, que les célibataires. La raison en est manifeste ; puisque les premiers tiennent à la société par beaucoup plus de liens : nos enfans sont autant de nous-mêmes ; ils sont pour ainsi dire, des branches d'un même tronc, qui ne font qu'un tout avec lui ; c'est pour ainsi dire une extension de l'amour de soi-même.

Le mariage appartient donc à la politique plutôt qu'à la Religion, pour ne pas dire que c'est une union entièrement civile. Car ce ne sont que les familles qui composent & entretiennent le corps politique. Ni les corps & les colleges qui s'y rencontrent, considérés uniquement comme tels, ni un assemblage de citoyens pris comme des individus, ne mériteroient pas ce nom : ce seroient des sociétés momentanées qui se détruiroient chaque jour. Or c'est dans l'objet des familles, & pour les former, que le mariage

a mérité les premieres attentions des Lé-
giſlateurs. Une populace ſans ordre, ſans
lien conjugal, ſans propriété particuliere,
ſeroit une confuſion dans laquelle une
ſociété ſeroit bientôt abſorbée.

Le mariage peut être enviſagé ſous
deux vues différentes ; ſavoir, ou ſimple-
ment comme un contrat, une ſociété ;
ou bien comme une ſociété qui a pour
but le bonheur commun des conjoints, la
propagation de l'eſpece & l'éducation des
enfans.

Le mariage conſidéré ſous la premiere
vue, exige comme toute autre convention, que ceux qui le contractent, ayent
l'uſage de la raiſon, & qu'ils y donnent
leur conſentement, avec connoiſſance de
cauſe, dans une entiere liberté ; & par
conſéquent que ce conſentement ſoit
exempt d'erreur, de ſurpriſe & de violence.

Mais ſi l'on enviſage le mariage comme
une ſociété qui a pour but principal la
propagation de l'eſpece, cette ſociété
exige alors pluſieurs choſes, qui ſont une
ſuite néceſſaire de la fin pour laquelle elle
eſt établie.

1°. Il eſt néceſſaire que les parties contractantes ſoient en âge de puberté, c'eſt-
à-dire, capables d'avoir des enfans. Quoi-

que cet âge differe chez les différens peuples, & femble dépendre de la température du climat & de la qualité des alimens ; on fixe cependant la puberté dans les parties méridionales de l'Europe à 12 ans pour les filles, à 14 ans pour les garçons ; mais dans les provinces du nord, à peine les filles le font-elles à 14, & les garçons à 16.

2°. Un homme qui fe marie veut avoir des enfans qui foient à lui, & non des enfans fuppofés ou bâtards ; c'eft donc une condition effentiellement néceffaire au mariage, que la femme promette à l'homme qui l'époufe, une entiere fidélité, & qu'elle n'accorde qu'à lui feul l'ufage de fon corps. C'eft l'intérêt du mari, de la femme même & des enfans qui le demande.

3°. C'eft une conféquence de tout ce que nous venons de dire, qu'une femme s'engage à être toujours avec fon mari, à vivre avec lui dans une fociété très-étroite, & ne faire qu'une même famille. C'eft le meilleur moyen pour bien élever fes enfans. Par là le mari eft plus affuré de la chafteté de fon époufe ; & ils font l'un & l'autre plus à portée de fe rendre la vie douce & agréable. D'où il s'enfuit que le mariage le plus régulier, le plus

parfait & le plus conforme au droit naturel & à la conftitution de la vie civile,
renferme, outre la promeffe de s'accorder réciproquement l'ufage de fon corps,
un autre article, par lequel la femme s'engage à être toujours auprès de fon mari,
à vivre avec lui dans une fociété très-
étroite, & à ne faire avec lui qu'une
feule famille, pour élever plus commo-
dément leurs enfans, & pour fe donner
l'un à l'autre des fecours & des plaifirs
mutuels.

Si nous confidérons le mariage dans
l'état de nature, le mari avoit fur fa femme
le droit de vie & de mort : ce qui étoit
jufte dans l'origine. Lorfqu'on ne connoiffoit encore que la loi naturelle, le
chef de la famille étoit fouverain chez lui,
il étoit le feul juge dans fa maifon, il avoit
par conféquent le droit de condamner à
la mort ceux qui l'avoit méritée. Lors
donc qu'une femme par le contrat de mariage, entroit de fon gré dans cette famille, elle étoit cenfée fe foumettre à
cette loi ; tout comme un étranger qui fe
détermine à fe fixer dans un pays, eft
cenfé fe foumettre aux lois. Mais il faut
remarquer que ce n'eft pas le mariage
qui donnoit ce pouvoir au mari, ni qui
affujettiffoit la femme à un pouvöir nou-

veau : car comme une famille ne peut pas
subsister sans un pouvoir souverain, la
femme abandonnant la maison de son
pere, pour entrer dans celle de son mari,
ne fait que changer de famille & par conséquent de souverain ; tout comme un
étranger ne s'impose pas un nouveau
joug, mais en quittant son ancien Souverain, il s'assujettit à un autre qu'il trouve
établi dans le nouveau pays qu'il choisit
pour sa demeure.

Mais dans l'état civil, tout chef de famille s'est dépouillé de cette qualité en
faveur du légitime souverain, à qui appartient le droit de punir les crimes. De
plus, la supériorité du mari sur la femme
est contraire à l'égalité naturelle, que ni
la force, ni la majesté, ni le courage,
que l'on regarde comme le fondement de
cette prétendue supériorité, ne peuvent
détruire : outre qu'il n'est pas toujours
vrai que tous les hommes possedent ces
qualités exclusivement aux femmes. Quant
à la raison, que l'on fait aussi valoir dans
la cause des hommes, je crois bien difficile de prouver que la nature en ait mieux
partagé les hommes que les femmes.

Pour ce qui regarde les fautes domesti-
ques, le mari peut à la vérité corriger
sa femme avec modération ; tout comme

la femme peut corriger à son tour son mari. La femme a même toujours eu action contre le mari, lorsque le traitement qu'elle essuyoit étoit trop rude, trop fréquent, & sans cause : ce qui souvent peut donner lieu à la séparation & au divorce.

La polygamie simultanée est-elle contraire au droit naturel ? La résolution de cette question demande un dénombrement exact des deux sexes, qui composent l'espece humaine ; parce qu'il est constant que s'il naît beaucoup plus de filles que de garçons, la polygamie bien loin d'être contraire au droit naturel, ne seroit qu'une suite de ce même droit. Après bien des recherches, on a trouvé qu'il naît encore moins de filles que de garçons : les regiftres de presque toute l'Europe s'accordent à nous montrer qu'il naît 13 garçons pour 12 filles ; ou 21 mâles pour 20 femelles ; & que comme il meurt par-tout un peu plus d'enfans mâles que de filles, les deux sexes se trouvent d'un nombre à-peu-près égal à l'âge de 20 ans. Suivant donc ce calcul, vérifié généralement par des recherches trèsexactes, la polygamie est aussi contraire au droit naturel que le vol ; attendu que tout homme marié qui prend une seconde femme, usurpe un bien que la nature

deſtinoit à un autre qu'à lui, à un célibataire que le polygame prive d'un bien
qui lui appartenoit.

Mais, dit-on, les fureurs de la guerre,
la navigation, & mille autres accidens
devenant ſi funeſtes aux mâles, il eſt pro-
bable qu'il y a plus de filles que de garçons à marier : cette conſidération doit
favoriſer la polygamie. Tous ces accidens
n'enlevent pas un homme ſur dix ; & il
eſt démontré par l'expérience, que les
couches enlevent communément beaucoup plus de femmes ſur 50, c'eſt-à-dire,
que de 50 couches il y en a une qui eſt
fatale à l'accouchée. Or, à ſuppoſer que
toutes les femmes mariées ayent chacune
ſeulement quatre couches, il en périra 8
ſur 100. Mais, ſans nous arrêter à cette
obſervation, l'égalité de nombre entre
les deux ſexes ſuffit pour démontrer que
la polygamie eſt une énorme léſion faite
au droit naturel, & qu'elle entraîne la
dépopulation par-tout où elle eſt établie,
ou ſeulement tolérée.

Si par ces raiſons, dit-on, la polygamie eſt contre le droit naturel, il ne ſera
pas plus permis à un homme qui a été
déjà marié une fois, de paſſer aux ſecondes noces. Il y a trois queſtions ſur cette
matiere, dont les ſolutions ſont étroite-
ment

ment liées. Si la vie du célibataire eſt contraire au droit naturel, il s'enſuit néceſſairement, vu le nombre égal de filles &
de garçons, que la polygamie tant ſimultanée que ſucceſſive, le ſont auſſi. Mais
comme malheureuſement pour la ſociété,
on tolere les célibataires, il faut néceſſairement tolérer auſſi la polygamie au
moins ſucceſſive ; car dans ce cas ceux
qui paſſent aux ſecondes noces, marient
ces filles qui ſans cela reſteróient dans le
célibat, abandonnées par ces garçons qui
préferent une vie contraire aux vues de
la nature.

Mais en quoi conſiſte l'eſſence du mariage ? Eſt-ce dans le contrat, ou dans
la conſommation, ou enfin dans tous les
deux ? Je réponds que ſuivant la ſimplicité
du droit naturel, le conſentement des
deux parties, accompagné dans les ſociétés politiques, des conditions que les lois
civiles demandent, fait l'eſſence du mariage. Car le mariage étant un contrat
conſiſtant dans le conſentement des parties qui contractent, je ne vois pas pourquoi le conſentement d'un homme &
d'une femme de vivre enſemble, de s'accorder réciproquement la jouiſſance de
leurs corps pour avoir des enfans, n'acheveroit pas le contrat, & par conſé

quent l'effence du mariage. Voici comment il faut penfer fur cette matiere. Le confentement des parties contractantes produit la propriété réciproque de ce qui entre dans le contrat, & la propriété nous donne le droit d'en ufer. Ainfi la confommation du mariage étant l'ufage de la propriété, le mari & la femme font véritablement propriétaires de la jouiffance de leurs corps par le contrat, quand même cette jouiffance ne s'en eft pas encore fuivie. Ainfi, c'eft un véritable adultere que celui d'une fille, qui ayant été fiancée à un homme abfent, & époufée par procureur, accorderoit fes faveurs à un autre.

Une autre queftion, c'eft fi par le Droit naturel tout feul, le mariage eft une fociété indiffoluble, & qui doive durer autant que la vie, ou bien fi le divorce eft permis ?

En fuivant les principes que nous avons pofés ci-deffus, je dis, que la nature & la fin du mariage font voir que cette fociété doit être de quelque durée. Car puifque le mariage a pour but, non-feulement de mettre au monde des enfans, mais auffi leur éducation, & que la loi naturelle impofe au pere & à la mere l'obligation d'y travailler de concert &

avec foin, la raifon veut que le mari &
la femme demeurent unis, du moins auffi
long-temps qu'il eft néceffaire, pour qu'ils
puiffent élever leurs enfans, & jufqu'à
ce qu'étant parvenus à un âge de maturité, ils foient en état de fe conduire
par eux-mêmes, & de s'acquitter de leurs
devoirs.

Cependant il n'y a guere d'apparence
qu'un homme & une femme qui auroient
vécu enfemble jufqu'à ce que leurs enfans fuffent élevés, vouluffent fe prévaloir de la liberté de fe féparer, quand
même on la leur accorderoit. D'ailleurs,
les enfans qui ont fait le but du mariage,
font des gages qui ferrent toujours plus
l'union du mari & de la femme, & qui
leur font perdre entiérement de vue l'envie de fe féparer, à moins qu'il n'y en
ait de très-fortes raifons.

Fœmina cùm fenuit, retinet connubia partu,
Uxorifque decus matris reverentia penfat (*).

Mais quand même le mariage feroit
par lui-même une fociété perpétuelle, il
peut furvenir des cas qui autorifent le divorce. Toutes les fociétés ont cela de

---

(*) Claud. Lib. I. *in Eutrop.* v. 72. 73.

commun, qu'elles font fondées fur certaines conditions effentielles, & que l'obligation de l'une des parties eft relative à celles des autres ; tellement que fi l'une manque aux engagemens effentiels du contrat, l'autre fe trouve en liberté. Ces maximes ont auffi leur application dans le mariage.

Et premiérement, puifque le but du mariage eft non-feulement de vivre enfemble, mais encore d'avoir des enfans ; il s'enfuit que par le droit naturel, la défertion malicieufe du mari & de la femme, un refus opiniâtre du devoir conjugal, & l'impuiffance, font des caufes légitimes de divorce. D'où il paroît que ce n'eft pas en vertu d'une loi divine, purement pofitive, que l'adultere & la défertion malicieufe rompent un mariage : mais parce que telle eft la nature de toutes les conventions, que quand l'une des parties ne tient pas fes engagemens, l'autre eft entiérement quitte des fiens. Ainfi en ce cas-là, un mari ou une femme font naturellement en pleine liberté de fe remarier, fi bon leur femble.

Mais entrons dans quelque détail fur la démonftration d'une vérité très-importante pour la tranquillité des familles. Un pere peut bien chaffer de chez lui un fils rebelle; & ne feroit-il pas permis à un mari, qui n'eſt pas uni, du moins naturellement, avec ſon épouſe, d'une maniere auſſi étroite qu'un pere l'eſt avec ſon fils, de chaſſer une femme, lorſqu'elle eſt d'une humeur inſupportable & incorrigible, & qu'elle ſe montre ainſi un membre rebelle de la famille? Faut-il donc qu'il ſoit condamné à ſouffrir ce tourment continuel?

Si un mari, au contraire, maltraite ſa femme ſans ſujet, s'il ne lui fournit pas ce que l'on doit à une épouſe, & s'il agit avec elle en ennemi plutôt qu'en époux, n'eſt-il pas juſte qu'elle ait la liberté de ſe délivrer de cet eſclavage par le divorce? Car dans ces deux cas, comment oſera-t-on ſe flatter d'obtenir le but du mariage? Qui eſt le mari qui voudra rendre le devoir conjugal à une femme qu'il déteſte; ou la femme qui voudra accorder ſes faveurs à un homme qu'elle a en horreur? Comment peut-on concevoir l'action la plus amicale & la plus tendre de l'humanité, exercée entre deux perſonnes qui ſe regardent, ou toutes les deux, ou l'une des deux au moins, comme de mortels ennemis? Il faut avouer que ſi les liens du mariage devoient ſubſiſter même à ce prix, le mariage, c'eſt-à-dire, l'établissement humain le plus agréable ¡ le plus doux, seroit le fardeau le plus insupportable de l'humanité ; car dans les cas que nous supposons, il révolteroit la nature.

Le mariage est une société d'animaux raisonnables, dont l'union formée par un lien moral, consiste plus dans leur bonne intelligence que dans la conjonction de leur corps : autrement il se réduiroit à un simple commerce charnel, plus brute que celui des bêtes, dont plusieurs même font voir une espece d'amitié pour celles avec qui elles s'accouplent. Lors donc que l'union des cœurs n'accompagne point celle des corps, un couple si mal assorti, vit dans un esclavage perpétuel, plutôt que dans une société digne de l'homme. On est dispensé de tenir des vœux faits même avec serment, lorsqu'ils sont imperti- nens, ou qu'ils tournent au préjudice d'un tiers ; pourquoi ne pourroit-on pas être dégagé du mariage pour des raisons aussi fortes que celles dont il s'agit ?

La nature de tout contrat demande que l'un & l'autre des contractans ayent une égale connoissance de la chose même au sujet de laquelle ils traitent, & de toutes ses qualités qui sont de quelque consé- quence ; que si l'un ou l'autre des con-

tractans manque à ce devoir, le contrat
est nul *ipso facto*, suivant toutes les lois.
Or, si le mari ou la femme, loin de faire
connoître l'un à l'autre leurs mauvaises
qualités, leurs défauts, bien plus essentiels que ceux d'un cheval, d'un bœuf,
ou d'une marchandise quelconque, se sont
déguisés jusqu'à ce qu'ils se soient pris
dans leurs filets, pourquoi ce contrat ne
sera-t-il pas nul ? Un mari brutal, une
méchante femme ne produisent-ils pas
dans un ménage un mal au moins aussi
considérable, que les défauts cachés d'une
marchandise ?

L'Evangile, dit-on, qui ne s'oppose
jamais aux vraies maximes du droit naturel, n'accorde le divorce qu'en cas d'a-
dultere. Mais ce même Evangile suppose
dans l'homme des mœurs évangéliques.
Or dans cette supposition, la question,
si le divorce est permis, devient inutile ;
car alors il n'y aura point de causes qui
l'autorisent.

Quant à l'impuissance, il faut bien la
distinguer de la stérilité ou l'infécondité
de l'homme ; car celle-ci qui ne suppose
que le défaut de génération, peut dépendre de quelques vices cachés, & existe
souvent sans impuissance. Un homme très-
vigoureux, très-puissant peut être inhabile

à la génération ; au lieu que celui qui est impuissant, n'étant point propre à l'acte vénérien, est toujours stérile.

Quant aux mariages entre ceux qui sont parens, si l'on veut faire attention à ce que demande le bien des familles, l'avantage de la société & les regles de l'honnêteté & de la modération, on trouvera que l'on ne manque pas de raisons pour faire voir que le droit naturel défend ces sortes de mariages, du moins entre les peres & meres & leurs enfans. Car 1°. on ne sauroit donner aucune bonne raison, pour autoriser ces mariages, & ils ne sont nullement nécessaires. 2°. Ils paroissent avoir en eux-mêmes quelque chose de contraire à l'honnêteté, soit parce que la familiarité, que produit naturellement le mariage entre deux époux, paroît tout-à-fait incompatible avec le respect que les enfans doivent à ceux de qui ils tiennent la naissance, soit principalement, parce que si ces mariages étoient permis, la grande familiarité qui regne entre les personnes d'une même famille, ouvriroit la porte à mille désordres.

D'ailleurs le mariage étant établi pour la multiplication du genre humain, il ne paroît pas convenable que l'on se marie avec une perſonne, à qui on a donné la naiſſance ou médiatement ou immédiatement, & que le ſang rentre, pour ainſi dire, dans la ſource d'où il vient. Enfin, il ſeroit très-dangereux qu'un pere ou une mere, ayant conçu de l'amour pour une fille ou un fils, n'abuſaſſent de leur autorité, pour ſatisfaire une paſſion criminelle, du vivant même de la femme ou du mari à qui l'enfant doit la naiſſance en partie. Voilà ce que l'on peut dire, pour prouver que cette ſorte d'inceſte eſt conttaire au droit naturel, auſſi bien qu'au droit civil.

A l'égard des mariages entre freres & ſœurs, on ne ſauroit ſoutenir qu'ils ſoient contraires au droit naturel. Car il paroît par l'hiſtoire de l'origine du genre humain, rapportée dans l'Ecriture Sainte, que les enfans du premier homme & de la premiere femme, ont dû néceſſairement ſe marier les uns avec les autres. Or quelle apparence que Dieu ait voulu réduire les hommes à la néceſſité de violer une loi naturelle? D'autant plus que rien ne l'obligeoit à ne créer qu'un homme & une femme.

On répond ordinairement, que Dieu a diſpenſé de la loi, dans les cas dont il s'agit. Mais on ſuppoſe gratuitement cette difpenfe : & d'ailleurs, on raifonne fur ce principe très-faux & très-dangereux, que Dieu peut difpenfer de ce qui eft défendu par la loi naturelle. On ne peut admettre des difpenfes en matiere de chofes contraires au droit naturel, fans détruire l'effence de ce droit, & fans faire injure à la fainteté auffi-bien qu'à la fageffe de Dieu. C'eft faper le fondement de toute moralité, & faire dépendre le jufte & l'injufte d'une volonté entiérement arbitraire.

Il y en a qui prétendent fe tirer d'affaire par une diftinction entre les règles du droit naturel qui découlent de la fainteté de Dieu, & de ce qui n'en découle pas ; & qui peuvent être muables fuivant les circonftances des hommes. Il y a fans doute des lois naturelles dont l'obfervation eft plus importante que celle des autres, & par conféquent dont la violation eft plus criminelle. Mais cela n'empêche pas que par rapport à leur effence, elles ne découlent toutes de la fainteté de Dieu, & qu'ainfi elles ne foient également immuables. La nature de l'homme fur laquelle elles font toutes fondées, demeurant toujours la même, Dieu ne fauroit difpenfer d'aucune, fans fe contredire & fe démentir.

Pour les autres degrés de parenté, il est encore plus difficile de donner aucune raison suffisante pour prouver que les mariages contractés entre parens à quelque degré, soient illicites par le droit naturel.

Il faut enfin remarquer, que comme les lois civiles prescrivent aux autres contrats certaines formalités, dont le défaut les rend nuls devant les tribunaux civils, de même les mariages sont sensés illégitimes, ou n'ont pas du moins certains effets civils, lorsqu'ils manquent des formalités requises par les lois de l'Etat : & quoique cela ne soit point fondé sur la loi naturelle, cependant comme elle ordonne que les membres d'un Etat se soumettent à ses lois, c'est en vain qu'on voudroit se prévaloir de ce que par le droit naturel ces sortes de choses sont absolument indifférentes, lorsqu'on n'a pas le pouvoir de faire les lois ou de les casser.

Il suffira de voir sur cette Leçon le Chapitre XIV. *des Principes du Droit Naturel de* BURLAMAQUI ; IV. Partie, Tom. V. Il faut faire attention, qu'en y traitant les questions de l'obligation de se marier, & de la polygamie, j'ai soutenu l'affirmative dans toutes les deux : ce qui est contradictoire. Car si chacun est obligé par droit naturel de se marier, comme

le nombre des filles eſt à-peu-près égal à
celui des garçons, la polygamie eſt un
vol des plus crians, parce que le polygame ôte par là le moyen à un autre de
s'acquitter d'un devoir que le droit naturel
lui impoſe, & il peut dire au polygame,
votre ſeconde femme eſt à moi. Mais lorſque
j'écrivois ſur BURLAMAQUI, je n'avois pas
encore lu *le ſupplément contre la Polygamie*, du ſavant M. MICHAËLIS, Pro-
feſſeur à Gottingue, qui m'a fait revenir
de mon erreur.

LEÇON XXX.

La famille, le pouvoir paternel : les devoirs réciproques des peres, des meres, de leurs enfans, des serviteurs & des esclavages.

DU mariage sortent les enfans, qui avec leurs peres & meres, de qui ils tiennent la naissance, forment cette société que l'on appelle la famille. La loi naturelle ordonne aux parens de prendre soin de leurs enfans, de les nourrir & de leur donner une éducation convenable. Elle veut en même temps que les enfans reconnoissent leurs peres & meres comme leurs supérieurs, & qu'ils se conforment avec respect à leur volonté. Cette autorité est la plus ancienne & la plus sacrée qui se trouve parmi les hommes. C'est ce qu'on appelle le *pouvoir paternel.*

Pour remonter à sa véritable origine, il faut distinguer l'état de nature d'avec celui de la société civile. Dans l'état de nature, chaque famille isolée étoit un état dont le chef avoit un droit absolu sur tous les membres; femmes, enfans, serviteurs, esclaves, tous dépendoient en-

tiérement de ce chef : c'étoit leur véritable souverain : entre ses mains on re-
connoissoit le pouvoir législatif, le droit
de faire la guerre & de conclure des
traités & des alliances. Les femmes, les
enfans étoient naturellement égaux aux
maris & aux peres : mais inférieurs &
sujets à leurs souverains. Si on ne considere donc dans le chef de famille que la
qualité de pere ou de mari, c'est en vain
qu'on y cherche l'origine d'un pouvoir
quelconque. Mais si on l'envisage comme
souverain, il en est la source, parce qu'il
en a la plénitude.

Mais comme les peuples ne conserve-
rent pas long-temps la lumiere de la loi
donnée par le maître de la nature, ils per-
dirent de vue les devoirs envers leurs
enfans auxquels le pouvoir souverain les
obligeoit : ils ne crurent rien devoir à
leurs enfans : ils ne regarderent pas leur
conservation comme une obligation naturelle : ils n'appercevoient en eux qu'un
bien qui leur appartenoit, pour en dif-
poser à leur gré : une propriété qui leur
laissoit la liberté de les faire croître pour
leur utilité, ou de les exposer comme des
haillons que l'on ne livre pas au feu, &
qu'on abandonne à ceux qu'un besoin
extrême peut porter à les amasser. C'est

ce grand défordre dans les familles, qui fit encore fentir aux hommes la néceffité de l'établiffement des fociétés civiles.

Par cet établiffement, le pouvoir des chefs de famille paffa au chef de la nation, qui l'abforba tellement qu'il n'en refta pas feulement l'ombre. Ainfi le pouvoir paternel, qui émanoit de la qualité de fouverain ou de chef de famille, par l'établiffement des fociétés civiles, fe trouva entiérement entre les mains du Magiftrat, du Prince & du Monarque ; les enfans qui naquirent après l'époque de l'établiffement des fociétés civiles, furent cenfés *ipfo facto*, fujets de ce nouveau fouverain, obligé par-là aux foins que la confervation & l'éducation de ces nouveaux fujets demandoient.

Mais comme un chef ne fauroit veiller aux foins que demandent tous les membres de la nation, il y fubftitua à fa place les perfonnes, qui après lui, doivent avoir le plus d'intérêt à leur confervation, à leur éducation, fondant fes juftes efpérances fur la tendreffe de ceux qui leur ont donné la naiffance. De-là vient que les Souverains ont étendu, ou mis des bornes au pouvoir paternel, c'eft-à-dire, à cette branche de pouvoir fouverain qu'ils avoient confiée aux peres

& meres, suivant qu'ils l'ont jugé convenable aux mœurs de leurs nations.

Un pouvoir paternel indépendant &
différent même du pouvoir souverain
dont le chef de la société civile est re-
vêtu, c'est une chimere. Il n'y a dans la
nature qu'un seul pouvoir physique qui
est le fondement du pouvoir moral. Le
souverain est une puissance morale sou-
tenue par le pouvoir physique de la nation, qui s'en est dépouillée moralement
en faveur de la souveraineté. Or après
cette abdication totale de pouvoir, comment oserons-nous reconnoître chez les
peres & les meres un pouvoir sur leurs
enfans, c'est-à-dire, sur leurs égaux,
différent & indépendant de celui du souverain ? L'homme avant d'être pere n'a-
voit point de pouvoir paternel : or du
moment qu'il devient pere, d'où reçoit-
il ce pouvoir ? L'acte de la génération a
précédé la naissance de neuf mois, pendant lequel temps il n'avoit pas ce pouvoir : la naissance de l'enfant n'augmente
chez le pere & la mere, ni les qualités
physiques, ni les qualités morales : quelle
sera donc la cause de ce pouvoir ? Ce sont
les lois, dit-on. Mais ce ne sont les lois
naturelles qu'en tant que le pere étoit
souverain chez lui-même dans l'état de

nature : les lois naturelles regardent d'ailleurs les hommes, fans la qualité de fouverain, comme parfaitement égaux. C'eft
donc le fouverain, qui en déclarant le
pere & la mere de l'enfant tuteurs nés,
leur en confie le pouvoir néceffaire.

Concluons donc que le pouvoir paternel, dans l'état de nature, appartenoit
au pere, en qualité de fouverain ; la
femme n'y avoit point de part, parce
qu'elle étoit fujette à la fouveraine puiffance auffi bien que fes enfans. Mais après
l'établiffement des corps politiques, où
les chefs de famille ont renoncé à leur
pouvoir en faveur du fouverain légitime,
le pouvoir paternel fe trouve entre les
mains du fouverain, qui le confie aux
peres & meres pendant le temps de l'é-
ducation, qui doit être celui de la minorité ; & lorfque les lois déclarent un
jeune homme majeur, le fouverain eft
cenfé retirer le pouvoir qu'il avoit confié
au pere & à la mere pour s'acquitter du
devoir de l'éducation. Je parle du pere
& de la mere ; parce que dans l'état civil
il n'y a point d'inégalité entr'eux : d'ailleurs les enfans font ordinairement fous
la difcipline des meres pendant leur bas
âge ; & enfin parce qu'il n'eft pas rare
de voir des femmes s'acquitter du devoir

de l'éducation, avec bien plus de raison &
de sagesse que les maris.

Par le principe que nous venons d'é-
tablir, on peut juger de l'étendue & des
bornes du pouvoir paternel. En général,
un pere considéré comme tel, étant dans
une obligation indispensable de bien élever
ses enfans & de leur donner tous ses soins
jusqu'à ce qu'ils soient en état de se conduire eux-mêmes, son pouvoir doit être
aussi étendu qu'il est nécessaire pour cette
fin, & pas davantage. Par conséquent
les parens sont en droit de diriger la conduite & les actions de leurs enfans de la
maniere qu'ils jugent être la plus avantageuse à une bonne éducation : ils peuvent
les châtier avec modération, pour les ramener à leur devoir : & si un enfant est
tout-à-fait rebelle & incorrigible, la plus
grande peine qu'un pere, comme tel,
puisse lui infliger, c'est de le chasser de
la famille & de le déshériter. Car si les
enfans doivent hériter des biens de leurs
parens, ce n'est pas tant en vertu d'une
loi expresse du droit naturel, que parce
qu'ordinairement il n'y a personne pour
qui les peres & les meres s'intéressent
plus que pour leurs enfans : mais lorsqu'ils se montrent incorrigibles, & qu'ils
payent les soins que les peres & les meres

ont donnés à leur éducation, par une noire ingratitude ; le temps de l'éducation prescrit par les lois civiles, étant fini, les peres & les meres peuvent les déshériter & les chasser même de la maison, n'ayant plus aucune obligation vis-à-vis de leurs enfans, qui passent alors sous l'obéissance des lois.

Le pouvoir paternel ne renferme pas le droit de vie & de mort sur les enfans qui ont commis quelque crime ; car ce pouvoir n'est pas du ressort de l'éducation, but du pouvoir paternel. Tout ce qu'un pere peut faire, c'est de les dénoncer au Souverain, afin qu'il les punisse suivant la qualité des crimes. Car, d'abord le pere est citoyen avant que d'être pere, & les intérêts de la société doivent précéder ceux de la famille ; qui ne sont qu'apparens lorsqu'ils se trouvent en opposition avec ceux de la société. Or l'intérêt de la société demande que le crime soit puni. D'ailleurs, comme les enfans sont sujets du Souverain, qui en confie l'éducation aux peres & aux meres, ceux-ci en sont responsables ; & n'ayant pas le pouvoir de punir leurs crimes, ils doivent recourir à l'autorité du Souverain pour sauver à la fois ce qu'ils doivent au Souverain & à l'Etat. Le fils de Cassius étoit fur le point de publier la loi du partage des terres, loi fatale au repos des Romains. Son pere n'ayant pu l'en détourner, le fit mourir, parce que les peres chez les Romains avoient tout le pouvoir fouverain fur leurs enfans. Le peuple étonné vit arracher fon Magiftrat de la Tribune aux harangues, & n'ofa faire de réfiftance, perfuadé du devoir d'un pere ; & il connoiffoit que ce devoir pour le bien public, étoit encore plus facré que la loi en faveur de la perfonne du Tribun.

A mefure que la raifon fe développe & fe perfectionne dans un enfant, à mefure qu'il approche d'un âge mûr, l'autorité paternelle diminue infenfiblement. Un enfant dans fon bas âge ne connoît pas ce qui convient à fa confervation ; c'eft à fon pere, à fa mere à le lui procurer & à le lui faire embraffer ; il n'a ni intelligence ni volonté à cet âge-là : les lois veulent qu'un fils fuive la volonté du pere, de la mere, de fon conducteur, qui ont de l'intelligence, de la volonté & de la liberté pour lui ; mais à mefure que l'intelligence fe développe avec l'âge dans l'enfant, le pere & la mere diminuent leurs attentions, parce qu'ils voient que dans les affaires au moins les plus fimples, il peut fe diriger par lui-même,

& que leurs attentions commencent à devenir moins néceſſaires. Et à meſure qu'il avance dans la connoiſſance des lois, il approche de ſa liberté, de maniere que lorſqu'il eſt parvenu à cet état qui a rendu ſon pere un homme libre, le fils devient un homme libre auſſi. Il ne lui reſte de lien que celui de la reconnoiſſance qui eſt bien fort dans une ame bien née.

Si un enfant, pendant qu'il eſt ſous la puiſſance & la direction paternelle, acquiert quelque choſe, ſoit par donation ou autrement, le pere doit l'accepter pour lui : mais cela appartient en propre à l'enfant ; le pere peut ſeulement en jouir, & en entretenir ſon enfant, juſqu'à ce que celui-ci ſoit capable d'en prendre lui-même l'adminiſtration. Car, d'un côté, les choſes qui entrent en propriété ne ſervent pas moins aux enfans, qu'aux hommes faits pour les uſages de la vie, & ſont même beaucoup plus néceſſaires aux premiers, à cauſe de leur peu de force & de la foibleſſe de leur jugement, qui ne leur permettent pas de pourvoir à leurs beſoins, & de ménager convenablement leurs intérêts. Mais, d'un autre côté, les enfans ne pouvant acquérir, à cauſe du défaut de jugement & du manque de conduite, les lois civiles y ont pourvu , en chargeant les peres & les meres ou leurs conducteurs de les accepter en leur nom. De plus les peres & les meres en ont la jouiffance pour fe récompenfer des dépenfes de l'éducation.

Pour ce qui eft des profits que peut faire un enfant déjà grand, par fon travail & par fon induftrie, ils doivent lui appartenir. Mais fi ces profits provenoient des biens mêmes du pere, il feroit raifonnable que le pere fe les appropriât, en dédommagement des dépenfes qu'il eft obligé de faire pour fa nourriture & pour fon éducation. En général, il eft tout-à-fait convenable que l'on donne quelque droit aux peres fur les biens de leurs enfans, pour tenir d'autant plus les enfans dans la foumiffion & le refpect de l'autorité paternelle : car la foumiffion & la dépendance des enfans, font abfolument néceffaires à leur éducation, n'étant point poffible de s'en acquitter autrement. Or la raifon & l'expérience concourent à nous convaincre que la propriété des biens abandonnés aux enfans, eft un moyen fûr de les rendre indépendans de ceux qui font chargés de leur éducation. La raifon n'ayant encore guere de prife, ils ne reconnoiffent point d'autre reffort que les plaifirs. Or quoi de plus propre pour en augmenter le nombre & l'intensité dans cet âge fougueux que la propriété des biens? L'accorder aux enfans avant que leur éducation soit finie, c'est y renoncer. La soumission & la dépendance de la jeunesse sont en raison inverse de la propriété des biens ; & le succès de l'éducation est en raison directe de la dépendance de la jeunesse de ceux qui en sont chargés.

Au reste, que les enfans, pendant leur minorité, ne doivent rien posséder en propre, c'est une suite nécessaire de leur état pendant ce temps-là ; état où ils sont censés n'avoir ni intelligence, ni volonté, ni liberté ; & en effet ils n'en ont guere la plupart, quelque illusion qu'ils s'en fassent. J'entends ici par *propriété* le pouvoir d'en exercer le droit par soi-même ; & l'aliénation & autres semblables manieres de disposer de son bien, supposent de leur nature un acte d'une volonté raisonnable, qui ne peut se trouver dans ces sortes de personnes.

Ces principes sont aussi les fondemens généraux des sages lois des Romains sur le *Pécule* des fils de famille. On appeloit *peculium*, une espece de patrimoine, qu'un esclave ou un fils de famille pouvoient avoir, quoiqu'ils fussent sans puissance.

Selon les regles du Droit Romain, ce qu'ils acquéroient étoit d'abord acquis au maître, ou au pere. Cependant ce qu'un fils de famille gagnoit à la guerre, & ce que son pere & sa mere, ou ses autres parens lui donnoient à cette occasion, lui appartenoit absolument, en sorte qu'il pouvoit en disposer comme bon lui sembloit, & sans que son pere eût rien à y voir. C'est ce que l'on appeloit *peculium castrense* (a). Il en étoit de même de ce qu'un fils de famille gagnoit dans tout autre emploi, dont il tiroit un salaire public : & c'est ce qui s'appelloit *peculium quasi castrense* (b).

Le *pécule civil*, qui est appelé *peculium paganum*, consistoit ou dans les biens qu'un fils de famille acquéroit hors de tout emploi public, soit par son industrie, soit par donation, soit par testament, soit par un effet de la disposition des lois. Le pere avoit l'usufruit de ces biens : c'est ce que les Interpretes appellent *peculium adventitium* ; ou dans le profit qu'un fils de famille faisoit des propres biens de son pere, ou à leur occasion ; & ceux-ci

---

(a) DIGEST. Lib. XLIX. Tit. XVII.
(b) COD. Lib. III. Tit. XXVII. *De inoffic. Testam.* Leg. XXXVII.

étoient

étoient abfolument en la difpofition du pere. C'eſt là le *peculium profectitium*, comme on parle. Les efclaves n'en avoient point d'autres (*).

Au reſte, quoique la puiſſance pater-nelle ſoit principalement fondée ſur l'obli-gation où ſont un pere & une mere, de bien élever leurs enfans; eela n'empêche pas que des parens ne puiſſent, pour le plus grand avantage de leurs enfans, con-fier à quelque perſonne capable le ſoin de leur éducation. Mais alors, en ſe dé-chargeant du fardeau de l'éducation, ils doivent auſſi remettre leur pouvoir pater-nel à la perſonne qu'ils en chargent; & même dès le moment que les enfans paf-ſent entre les mains d'un étranger, le pouvoir paternel eſt cenſé y paſſer auſſi; ne reſtant aux peres & meres que la ten-dreſſe, le plus grand obſtacle à une édu-cation raiſonnable.

Les peres peuvent même donner leurs enfans à quelque honnête homme qui ſouhaite de les adopter, ſi c'eſt pour le bien de leurs enfans. Par l'adoption le

______

(*) Voyez les Interpretes ſur le DIGEST. Lib. XV. Tit. I. *De peculio;* & ſur les INSTIT. Lib. II. Tit. IX. *Per quas perſonas cuique acquiritur;* & ſur-tout Domat, II. Part. Liv. II. Tit. II. Sect. II.

pere naturel se démet de son pouvoir paternel sur son enfant, & le transporte au
pere adoptif. Comme c'étoit une espece
d'infamie de n'avoir point d'enfans, l'a-
doption fut autorisée par les lois, pour
suppléer à la stérilité des mariages & pour
la consolation de ceux qui souhaitoient de
se perpétuer en quelque sorte par la voie
de la succession dans des héritiers de leur
choix.

Les Romains firent un usage fort fréquent de l'adoption. Le pere adoptif,
après avoir obtenu le consentement du
pere naturel, se pourvoyoit au Tribunal
du Préteur pour faire ratifier l'acte d'a-
doption, ou bien il s'adressoit au peuple
assemblé par curies, qui portoit un décret
confirmatif sur la requisition des Tribuns.
Dans ce second cas l'adoption étoit exprimée par le mot d'*adrogation*. Il falloit
1°. que le pere adoptif n'eût point d'enfans, & qu'il fût sans espérance d'en avoir :
2°. que le pere adoptif fût plus vieux de
dix-huit ans que le fils qu'il adoptoit : 3°.
enfin l'adoption n'étoit censée valable
qu'après avoir été confirmée par le col-
lege des Pontifes.

Enfin la nature permet encore à un
pere qui manque des moyens nécessaires
pour subsister & pour entretenir ses en-

fans, de les mettre pour ainsi dire en
gage, & de les vendre même; car il vaut
mieux les expofer à un efclavage fuppor-
table, que de les laiffer mourir de faim.
Car la nature donne plein droit à tout
ce qui eft abfolument néceffaire pour obtenir une fin qu'elle prefcrit.

Lorfque les enfans font parvenus à l'âge
d'hommes faits, c'eft-à-dire majeurs, ils
peuvent être confidérés ou dans l'état de
nature, ou dans la fociété civile. Dans
l'état de nature, le pere étant fouverain
de fa famille, les enfans étoient cenfés fujets à ce pouvoir fouverain dans tout âge,
jufqu'à ce qu'ils fuffent émancipés par le
mariage, & fortis de la maifon paternelle
pour former une famille à part. Car s'ils
ne fortoient pas de la maifon, ils n'étoient
pas cenfés émancipés par le mariage; mais
ils reftoient toujours fujets au chef de la
famille, & ils continuoient à en faire
partie.

Mais il faut raifonner tout autrement
des peres & des enfans dans les fociétés
civiles. Les peres n'ayant d'autre pouvoir
fur leurs enfans que celui que le Souverain leur confie, pour s'acquitter du grand
devoir de l'éducation; dès qu'elle eft
finie, ce que les lois déclarent en fixant
l'âge de majorité, le Souverain retire le

pouvoir paternel, & le pere ne doit plus
én faire ufage. Dès qu'un jeune homme
eſt majeur, il eſt cenſé avoir atteint l'âge
de liberté : le pere & le fils, le tuteur &
le pupille ſont égaux : ils ſont tous également ſoumis aux mêmes lois; & un pere
ne peut plus prétendre à aucune domina-
tion ſur la liberté ou ſur les biens de ſon
fils. Alors le fils ne dépend plus du pere.

Mais ſi les enfans ſont entiérement indépendans de leurs peres, dès qu'ils ſont
majeurs, toute relation entre les peres
& leurs enfans ceſſe-t-elle ? Les peres de-
viennent-ils indifférens à leurs enfans ? A
Dieu ne plaiſe que nous tirions une con-
cluſion directement oppoſée à nos principes ! L'expérience du pere, ſon jugement,
ſon âge, ſont des qualités qui lui acquie-
rent un droit à être honoré de ſon enfant :
tout ce que le pere a fait pour lui juſques
alors, pendant le temps de l'éducation
qu'il lui a donné, lui a mérité une reconnoiſſance ſans bornes. Et ces droits, qui
ſont ceux de l'humanité, ſont des droits
très-parfaits, au jugement de la raiſon.
« C'eſt la premiere & la plus ancienne
» de toutes les dettes, diſoit fort ſagement
» Platon. Il faut qu'un fils ſe mette bien
» dans l'eſprit, que tout ce qu'il a, &
» tout ce qu'il poſſede, appartient à ceux

» qui l'ont mis au monde & élevé; de
» forte qu'il doit à fon tour leur fournir
» autant qu'il lui eft poffible ; favoir pre-
» miérement les richeffes , enfuite les
» biens du corps, & enfin ceux de l'ame.
» Qu'il leur rende avec ufure les foins &
» les inquiétudes extrêmes qu'ils ont eues
» pour lui autrefois, & qu'il le faffe fur-
» tout dans leur vieilleffe, où ils en ont
» le plus de befoin. Qu'il parle toujours
» d'eux avec un grand refpect pendant
» toute fa vie.... Que quand ils déchar-
» geront leur courroux, foit par de fim-
» ples paroles, foit par des actions, il le
» fouffre patiemment, fe fouvenant bien
» que rien n'eft plus pardonnable que la
» colere d'un pere, qui croit avoir été
» offenfé par fon fils. Enfin, qu'après la
» mort, il leur dreffe des monumens.....
» & qu'il honore leur mémoire (*). »

En général, rien n'eft plus conforme
aux vues de la Providence, & aux lois
naturelles, que les enfans d'une même famille cultivent & entretiennent entr'eux
cette amitié, dont la Nature elle-même
a jeté les premiers fondemens; & que
comme ils font unis par les liens du fang

______

(*) *De Legibus*, Lib. IV.

& de la naiſſance, ils ayent les uns pour les autres une bienveillance commune, qui les porte à ſe communiquer tous les ſecours, & à ſe procurer toutes les douceurs qui peuvent dépendre d'eux.

Outre le mari, la femme & les enfans, il y a encore d'autres membres moins conſidérables dans une famille, que l'on homme *ſerviteurs*, parce qu'en effet ils ſervent les peres de famille.

Lorſque le genre humain eut commencé à ſe multiplier, & qu'on eut reconnu la commodité qu'il y avoit à ſe décharger ſur autrui de la peine & des ſoins que demandent la plupart des affaires domeſtiques, l'uſage d'avoir des ſerviteurs qui devinſſent membres de la famille, s'introduiſit de bonne heure. Cela ayant enſuite paru commode aux uns & aux autres, pluſieurs ſe réſolurent inſenſiblement à entrer ſur ce pied-là pour toujours dans la famille de quelqu'un, à condition qu'il leur fourniroit la nourriture & toutes les autres choſes néceſſaires à la vie. Ainſi la ſervitude a été d'abord établie par un libre conſentement des parties, & par un contrat *de faire, afin que l'on nous donne.*

Il y a deux eſpeces de ſervitude; une *parfaite* & l'autre *imparfaite*: cette derniere n'eſt que pour un temps ou ſous certaines conditions , ou pour certaines chofes. Telle eft celle des *affranchis* , (*li-berti*) : celle des efclaves à qui la liberté avoit été donnée par teftament , mais feulement au bout d'un certain temps, ou fous certaines conditions (*ftatuliberi*) : celle des *débiteurs infolvables* , qui fe rendoient eux-mêmes efclaves de leurs créanciers, jufqu'à ce qu'ils puffent les fatisfaire , qui y étoient condamnés par le Juge (*nexi, addicti*) : celle des *laboureurs*, (*adfcripti* , ou *adfcriptitii glebæ*) , qui étoient attachés aux terres qu'on leur donnoit ; celles des efclaves parmi les Juifs, laquelle finiffoit au bout de fept ans, ou à l'année du jubilé ; celle des gens de *main-morte* ; enfin celle des mercenaires ou des gens à gage , qui eft aujourd'hui la plus commune.

Un mercenaire à gage , que nous appellons aujourd'hui *valet* ou *domeftique* , doit s'acquitter fidellement du travail & du fervice auquel il s'eft engagé en fe louant à fon maître ; & celui-ci d'autre part , eft tenu de payer exactement le falaire qu'il a promis au valet. De plus, comme dans un tel contrat, la condition du maître eft plus avantageufe que celle du domeftique, le domeftique doit avoir du refpect pour fon maître , felon le rang

què celui-ci tient dans le monde : & lorſque par malice, ou par pure négligence,
il s'acquitte mal de ſa tâche, le maître
peut le châtier avec modération, mais
non pas lui infliger une punition corpo-
relle un peu conſidérable, moins encore
le faire mourir de ſa propre autorité.
Voyez ſur cette Leçon, BURLAMAQUI,
IV. Partie, Chap. XV. Locke, *Gouvernement civil*, Chap. IV. V. & XIV. Puffendorf, *Droit de la Nature & des Gens*,
Liv. VI. Chap. II. & III. Grotius, Liv. II.
Chap. V. &c.

LEÇON XXXI.

Maniere d'interpréter les conventions & les lois.

QUand on veut expliquer quelque loi, quelque convention, ou quelqu'autre acte, on cherche à connoître quelle a été l'intention de l'Auteur; & comme l'on ne peut connoître cette intention qu'au moyen des signes dont il s'est servi pour la manifester, ou des circonstances dans lesquelles il se trouvoit, il s'ensuit que toute interprétation est fondée sur des conjectures; puisque l'on ne peut juger de l'intention de l'Auteur que par les signes ou les indices les plus vraisemblables, ou par les circonstances qui accompagnent la déclaration de la volonté.

Il ne faut pas croire pour cela, que les regles de l'interprétation n'ayent rien de certain. Les conjectures sur lesquelles elles sont établies, ont leur fondement dans la nature même des choses, & elles sont quelquefois poussées à un tel degré d'évidence qu'elles forment une démonstration morale.

I v

Les conjectures qui nous fourniffent les regles d'une bonne interprétation, fe déduifent de plufieurs fources. Les principales font : 1°. la nature même de l'affaire dont il s'agit, *fubftrata materia.* 2°. Le fens ordinaire des termes, & tel qu'ils l'ont dans l'ufage commun & populaire. 3°. La liaifon qu'ont des termes obfcurs avec d'autres paroles de la même perfonne qui font affez claires. 4°. Les effets ou les fujets qui réfultent d'un certain fens, d'une certaine interprétation. 5°. On tire auffi quelquefois des conjectures de l'état & de la qualité des perfonnes & des relations qui font entr'elles. 6°. Enfin, la raifon de la loi, ou de la convention, c'eft-à-dire, les vues & les motifs du Légiflateur ou des contractans, eft encore ici d'un grand ufage. Développons ces principes en établiffant les regles d'interprétation qui en découlent.

C'eft donc une premiere regle & une maxime commune des Jurifconfultes, que les termes qui ont quelque chofe d'obfcur, doivent toujours être expliqués conformément à la nature du fujet dont il s'agit. La raifon de cette regle eft, que l'on doit préfumer que celui qui parle a toujours eu devant les yeux l'affaire dont il étoit queftion, & qu'ainfi tout ce qu'il dit s'y

rapporte. Ainsi, quand deux Généraux
d'Armée conviennent d'une treve pour
quinze jours, la nature même de la treve
fait assez sentir qu'ils entendent par le mot
de *jour* l'espace de 24 heures, qui renferme le temps de la nuit, aussi bien que
celui pendant lequel le soleil nous éclaire.
On peut encore appliquer la même regle
au vœu de Jephté & d'Agamemhon. Car
quiconque parle d'un sacrifice, est censé
supposer tacitement une chose qui soit de
nature à pouvoir être sacrifiée.

Tant qu'il n'y a point d'ailleurs des
conjectures suffisantes, qui obligent de
donner aux termes un sens particulier, on
doit les prendre dans celui qui leur est
propre, suivant l'usage commun & populaire. En effet, comme toute personne
qui est dans l'intention ou dans l'obligation de faire connoître ses pensées, doit
employer ces termes dans le sens qu'ils ont
communément, on doit par conséquent,
pour expliquer une loi ou une convention, supposer que le Législateur ou les
contractans ne se sont point écartés de
l'usage reçu. C'étoit donc une vraie su-
percherie que celle des Locriens, qui
ayant juré aux Siciliens, qu'ils vivroient
en paix avec eux aussi long-temps qu'ils
fouleroient aux pieds la terre sur laquelle

ils étoient, & qu'ils porteroient des têtes
fur les épaules, ne laifferent pas de les
chaffer du pays à la premiere occafion,
fous prétexte qu'en jurant, ils avoient
des têtes d'ail fur leurs épaules, & de la
terre dans leurs fouliers, qu'ils jeterent
bientôt après.

Pour les termes de l'art, il faut les expliquer felon la définition qu'en donnent
les maîtres, ou ceux qui entendent l'art
ou la fcience dont il s'agit ; à moins que
celui qui parle n'entende ni l'art ni les
termes ; car alors il faut juger par la fuite
du difcours, ou par d'autres circonftances, du fens qu'il peut avoir eu dans l'efprit. Ainfi les noms des pays, dont il
peut être fait mention dans un traité,
doivent être entendus felon l'ufage des
perfonnes intelligentes, plutôt que felon
celui du vulgaire ; car ces fortes de négo-
ciations fe font ordinairement par des gens
habiles.

Les expreffions obfcures doivent être
expliquées par les endroits du même acte,
où le fens eft clair & net. Il faut bien
confidérer la liaifon du difcours, & n'admettre aucun fens qui ne foit conforme
à ce qui fuit, ou à ce qui précede. Par
conféquent, quand une perfonne s'eft expliquée une fois clairement, il faut expli-

quer par-là ce qu'elle peut avoir dit d'obfcur dans un autre endroit, en parlant de
la même chofe, à moins qu'il ne paroiffe
manifeftement qu'elle a changé de volonté. Cette regle eft fondée fur ce principe, que dans le doute, on doit toujours
préfumer qu'une perfonne eft d'accord
avec elle même. C'eft donc une maxime
judicieufe du droit Romain, que chaque
partie d'une loi doit être interprétée par
la teneur de la loi toute entiere : comme
encore que les lois s'expliquent les unes
par les autres. *Incivile eft, nifi totâ lege
perfpeftâ, unâ aliquâ ejus particulâ propo-
fitâ, judicare vel refpondere* (*).

Les effets ou les fuites qui réfultent
d'un certain fens, fervent auffi fouvent
à découvrir le véritable. Lors donc que
les termes, pris abfolument & à la lettre,
rendroient un acte nul & fans effet, ou
meneroient à quelque chofe d'abfurde
ou d'injufte, il faut alors s'écarter de la
fignification propre & ordinaire, autant
qu'il eft néceffaire pour éviter de tels inconvéniens. C'eft auffi la maxime du droit
Romain à l'égard des lois. *In ambiguâ voce
legis, ea potius accipienda eft fignificatio,*

(*) Leg. XXIV. D. *De Legib.* Lib. I. Tit. III.

quæ vitio caret; præsertim cùm etiam voluntas legis ex hoc colligi possit (a). Cicéron a très-bien expliqué cette regle. « Toutes les
» lois, dit-il, doivent être rapportées à
» l'avantage de l'Etat : & par conséquent
» il faut les expliquer par les vues de
» l'utilité publique, plutôt que par le
» sens propre & littéral des termes......
» Le but des Législateurs n'étoit pas d'é-
» tablir des choses préjudiciables à l'Etat ;
» & quand ils auroient voulu le faire,
» ils savoient bien qu'on rejetteroit de
» telles lois, aussi-tôt qu'on en auroit
» apperçu les inconvéniens. En effet, si
» on souhaite de maintenir les lois, ce
» n'est pas à cause d'elles-mêmes, mais
» pour le bien de la République, que l'on
» croit ne pouvoir être gouvernée que par
» de bonnes lois (b). »

L'état & la qualité des personnes, les relations qui se trouvent entr'elles, peuvent quelquefois fournir des conjectures, pour expliquer quelque chose d'obscur & d'indécis. Il faut donc toujours expliquer ce qu'il y a d'obscur relativement à l'état & à la condition des personnes, & aux

____

(a) Leg. XIX. D. *De Legib.* Lib. I. Tit. III.
(b) *De inventione*, Lib. I. cap. 38.

relations qui font entr'elles. La raifon en
eft, que chacun eft toujours cenfé parler
conformément à fon état, & aux circonftances dans lefquelles il fe trouve. Ainfi,
fi quelqu'un promet une dot à une fille,
fans fpécifier la fomme, cette fomme doit
être déterminée relativement à la qualité
de la fille, aux biens du promettant &
aux fentimens qu'il avoit pour elle.

Enfin, une autre chofe qui eft d'un
grand ufage en matiere d'interprétation,
c'eft ce que l'on appelle, *la raifon de la loi*
ou *de la convention.* On entend par là les
motifs & les vues qui ont porté le Légiflateur à faire une certaine loi, ou les
contractans à faire le contrat. Les conjectures que l'on tire de là font d'une très-
grande force, pourvu que l'on connoiffe
certainement les motifs qui ont déterminé
les légiflateurs & les contractans, & les
vues qu'ils fe font propofées. C'eft donc
une maxime conftante, qu'il faut expliquer une loi ou une convention, conformément à fon but ; & que toute interprétation contraire à ce but doit être re-
jetée.

La raifon de cette maxime fe fait fentir
d'elle-même. Ce qui détermine le vrai
fens d'une loi ou d'une convention, c'eft
l'intention du légiflateur & des contrac-

tans ; & cette intention consiste dans les vues & le but qu'ils se sont proposés. Si la raison de la loi ou de la convention y est exprimée, alors il n'y a nulle difficulté. Si au contraire elle ne l'est pas, il faut pour la connoître recourir à quelqu'une des conjectures dont nous avons parlé ci-devant, comme à la nature même de la chose, ou à l'occasion & aux circonstances particulieres dans lesquelles la loi ou la convention a été faite.

Cette maxime est d'un usage universel : & elle sert principalement à nous faire connoître les occasions où l'on doit étendre une loi ou une convention à des cas non exprimés, ou au contraire, les restreindre à certains cas, quoique les termes en soient généraux.

Il faut étendre la disposition d'une loi à des cas qui n'y sont pas exprimés dans les termes, toutes les fois que la même raison, qui a efficacement porté le Légiflateur à faire cette loi, convient au cas dont il s'agit. Par exemple, si une loi décerne une certaine peine contre celui qui a tué son pere, il est de la derniere évidence que le Légiflateur a voulu que cela s'étendît également à celui qui auroit tué sa mere, quoiqu'il ne s'en soit pas expliqué formellement. Si la loi défend de

trahſporter de la laine hors du pays, cela
doit s'entendre auſſi du tranſport des bre-
bis. Si dans la crainte d'une diſette, on
défend la ſortie des blés, cela doit auſſi
s'appliquer aux farines, &c.

On comprend aiſément la juſtice de
cette maxime. On doit toujours préſumer
que le Légiſlateur eſt d'accord avec lui-
même ; & par conſéquent, lorſque la
même fin qu'il s'eſt propoſée, en faiſant
une loi, convient parfaitement à un certain cas, qui n'y eſt pas exprimé, on doit
étendre la loi à ces cas-là. En effet, comme
on ne ſauroit exprimer dans les lois tous
les cas poſſibles, elles doivent être appli-
quées aux cas parfaitement ſemblables,
& où la même raiſon a lieu manifeſtement. *Non poſſunt omnes articuli ſigillatim
aut legibus aut ſcriptis comprehendi ; ſed cùm
in aliquâ cauſâ ſententia earum manifeſta eſt,
is qui juriſdictioni praeſt, ad ſimilia extendere,
atque ita jus dicere debet..... Quoties lege
aliquid unum vel alterum introductum eſt,
bona occaſio eſt, cetera quæ tendunt ad ean-
dem utilitatem, vel interpretatione, vel certè
juriſdictione ſuppleri* (*).

Cette extenſion des lois eſt d'un grand

(*) Leg. 12, 13. D. *De Legib.* Lib. I. Tit. III. Leg. 27.

uſage pour réprimer les fraudes & les
chicanes, par leſquelles des gens malheureuſement ſubtils tâchent d'éluder là loi
ou les conventions, ſous prétexte qu'ils
n'ont rien fait de contraire aux termes de
la loi, ou de leur engagement, quoiqu'ils
ayent manifeſtement agi en fraude de l'un
ou de l'autre. Les Juriſconſultes Romains
expliquent fort bien cela. *Contra legem*
facit quod lex prohibet ; in fraudem verò,
qui, ſalvis verbis legis, ſententiam ejus cir-
cumvenit ; fraus enim legi fit, ubi, quod
fieri nolit, fieri autem non vetuit, id fit ; &
quod diſtat diĉtum ei ſententia, hoc diſtat
fraus ab eo quod contra legem fit (*).

Voilà pour l'extenſion des conventions
ou des lois au de-là de ce qui eſt renfermé
dans les termes mêmes. Mais on les borne
auſſi quelquefois à une partie de ce qu'em-
portent les termes, pris dans toute leur
étendue. Ainſi c'eſt encore une regle de
bonne interprétation, que là où la raiſon
principale d'une loi ou d'une convention
vient à ceſſer, & qu'elle ne ſauroit s'appliquer à certain cas, il faut excepter ces
cas de la diſpoſition de la loi ou du contrat, quelque généraux qu'en ſoient les

----

(*) Leg. 29. 30. D. *De Legib.* Lib. I. Tit. III.

termes ; car dans ces circonstances, on ne sauroit prétendre sans absurdité, que le Législateur ou les contractans ayent voulu renfermer ces cas dans les expressions générales dont ils se sont servis. Dans le traité de paix qui mit fin à la seconde guerre punique, il y avoit cette clause, que les Carthaginois ne feroient point la guerre ni au-dedans ni au-dehors de l'Afrique, sans la permission du peuple Romain. On demande si l'on doit entendre ces mots, *faire la guerre,* tant d'une guerre offensive, que d'une défensive ? Le but de ce traité, qui étoit de tenir les Carthaginois en bride, & d'empêcher qu'ils ne pussent s'agrandir par des conquêtes, fait voir qu'il falloit les restreindre aux guerres offensives, autrement il auroit renfermé une injustice manifeste.

Ajoutons encore ici quelques éclaircissemens sur la restriction des lois, & qui doivent servir de modification aux principes que nous venons d'établir.

1°. Quand même la raison de la loi cesse en certains cas extraordinaires, on ne doit pas pour cela restreindre la généralité de sa disposition, lorsque d'ailleurs il y a lieu de croire que le Législateur n'a voulu avoir aucun égard à ces cas particuliers, soit parce qu'ils sont rares,

foit pour éviter l'embarras d'une difcuf-
fion difficile. Ainfi, le teftament d'un enfant fait avant l'âge de puberté, ne laiffe
pas d'être nul, quoiqu'il fe trouve que
cet enfant a affez de jugement pour tefter
avec délibération & avec fageffe ; & que
ce foit à caufe du défaut de cette difpofition, que la loi déclare nuls les teftamens
d'un jeune homme de cet âge.

2°. A plus forte raifon ne doit-on point
donner de reftriction à la loi, fous prétexte
qu'il y auroit quelque dureté à l'appliquer
à un certain cas, fi le Légiflateur a formellement déclaré qu'il vouloit qu'on l'obfervât
exactement dans toute fon étendue & à la
lettre. Il faut dire alors avec les Jurifconfultes Romains, *quòd quidem perquam durum
eft ; fed lex ita fcripta eft.*

Au refte, les principes que nous venons
d'établir fur l'interprétation étendue ou
refferrée des lois, fe rapportent à la maxime commune : *qu'il faut interpréter les lois
fuivant l'équité. L'équité* n'eft autre chofe
que l'égalité. Or l'égalité veut que l'on
juge femblablement d'un cas femblable à
celui dont parle la loi, fi la raifon de la
loi y trouve une jufte application ; &
alors il faut étendre la loi. Ce feroit au
contraire, bleffer cette même égalité,
que de juger d'un cas particulier par les

termes généraux d'une loi lorſque la rai‑
ſon de la loi ne le permet pas : il faut
donc alors reſtreindre la généralité des
termes. Cela étant, on peut définir l'é‑
quité, une juſte interprétation, fondée
ſur la raiſon de la loi, & par laquelle on
redreſſe ce qui s'y trouve de défectueux,
à cauſe qu'elle eſt conçue dans des termes
trop généraux ou trop particuliers.

On doit convenir que le nom d'*équité*
peut ſervir aiſément de prétexte à l'ar‑
bitraire : la facilité de paſſer de l'un à
l'autre, eſt la ſeule raiſon qu'on puiſſe
alléguer dans les lieux, où l'on aſſujettit
le juge au texte précis de la loi. L'arbi‑
traire eſt auſſi dangereux dans ſon eſpece
chez les Juges que chez les Rois ; mais il
n'eſt pas l'équité.

Il n'eſt jamais permis au juge de donner
un jugement qui contrarie les termes de
la loi. Le corps des lois renferme un ſyſ‑
tème d'équité général & ſuivi. Chaque
matiere a des principes fondamentaux qui,
comme des rayons d'une circonférence,
aboutiſſent au même centre : c'eſt dans ce
ſyſtême, dans ces principes, & jamais
dans ſon imagination, que le Juge doit
puiſer les raiſons qui le déterminent. C'eſt
à ce centre qu'il doit ramener la lettre de
la loi. La loi n'eſt pas dans les paroles,

elle eſt dans leur ſens. Par ſon eſprit, on explique ſes termes : & ſi la loi même ne porte pas à le découvrir, on le cherche dans les déciſions des autres lois, & dans les premiers principes de la légiſlation. Il eſt difficile, en les conſultant, de ne pas connoître ſi la loi dit préciſément ce qu'elle paroît dire, & ſi elle doit être appliquée à la queſtion qui ſe préſente. Si les lois civiles ne conduiſent pas aux connoiſ-ſances que le Juge recherche, il doit rap-procher la loi du droit public & naturel, & les comparer enſemble. Les lois des hommes ne ſont faites que pour mettre le droit naturel à l'abri des entrepriſes des prévaricateurs. C'eſt le propre de l'équité d'adapter les termes des lois ci-viles aux lois naturelles. Celles-ci ſont immuables ; les autres ſont arbitraires. Il convient mieux de ſe rapprocher de la juſtice, que de s'en éloigner pour s'atta-cher à une juſtice d'opinion.

L'équité permiſe dans les jugemens ne s'étend pas auſſi loin que dans les arbi-trages. Ici les parties renoncent, pour ainſi dire, aux lois écrites, pour s'en rapporter à l'équité naturelle, qu'ils ſup-poſent dans l'eſprit & dans le cœur de ceux qu'ils prennent pour arbitres. Il leur eſt permis de ne ſe point arrêter à une

loi vicieuse, & de faire attention à di-
verses circonstances que le Législateur n'a
pu ni dû prévoir. Ils n'ont d'autre regle
que la justice ; elle est assez sûre, s'ils
savent la connoître & la suivre. Tous les
différents des hommes devroient être mis
en arbitrage, si ceux que l'on choisiroit
pour arbitres, avoient assez de lumieres
& de droiture pour être eux - mêmes bons
Législateurs. Peu de personnes doivent
accepter un pouvoir aussi étendu.

Le Magistrat est soumis aux termes de
la loi, lorsqu'elle permet ou défend avec
clarté dans des circonstances précises : il
ne peut alors se servir du prétexte de l'é-
quité pour ne se point conformer à la
lettre de la loi. L'arbitre, selon l'usage
de plusieurs nations, y est aussi plus ou
moins assujetti. Il devroit s'y assujettir lui-
même, quand cette condition ne seroit
pas sous - entendue dans le pouvoir qui
lui est donné. On fait des lois pour des
cas généraux ; pour les choses qui arrivent le plus ordinairement. Si la diversité
des circonstances est infinie, si elles ne
peuvent se nombrer, & encore moins
être toutes couchées par écrit, il faut
souvent que la loi soit muette : l'équité
parle pour elle ; c'est la partie du droit
qui n'est point écrite. Si le plus léger

changement dans la these, peut du juste
en faire l'injuste, l'équité inséparable de
la justice sera son interprete. La justice
n'est jamais rigoureuse : on confond les
idées lorsqu'on le pense. C'est la rigueur
de la loi que l'on prend pour elle ; on la
blesse lorsqu'on s'attache au rigide de l'expression. L'équité ramene à la justice &
corrige le vice ou le défectueux de la loi.

Enfin, comme toute équité doit être
fondée sur la loi naturelle, qui est aussi
la base de la loi civile, toute loi doit
avoir pour principe l'équité ; ce rapport
de l'un à l'autre ; leur connexité sont nécessaires. Une décision contraire au droit
civil fondé sur le droit naturel, ne peut
être équité ; une loi sans équité ne peut
être une bonne loi : l'équité dans les jugemens doit être comparée à la bonne
foi dans les contrats. C'est par celle-ci
que les parties contractantes expliquent
le véritable sens des paroles de l'acte,
qu'elles développent leur ambiguité, &
qu'elles suppléent à ce qui n'est pas assez
positivement expliqué.

LEÇON

LEÇON XXXII.

Moyen de terminer les différents entre ceux qui n'ont point de juge commun, & qui se trouvent à cet égard dans l'état de nature.

« IL y a deux manieres, disoit fort sa-
» gement Cicéron, de vuider un dif-
» férent : l'une par la discussion des rai-
» sons de part & d'autre : l'autre par la
» force. La premiere convient propre-
» ment à l'homme : l'autre n'appartient
» qu'aux bêtes » (*). Ce seront donc les
différentes manieres de parvenir à cette
discussion des raisons de part & d'autre
entre ceux qui se trouvent dans l'état de
nature, qui nous occuperont dans cette
derniere Leçon. Ces manieres sont quatre : savoir, la *conférence amiable*, la
transaction, la *médiation*, les *arbitres* ; on
peut y ajouter encore deux autres moyens
que l'on prescrit ordinairement; savoir le
sort & les *combats singuliers*.

______

(*) De Offic. Lib. I. cap. XI.

La *conférence amiable* confiste dans une entrevue des parties ou de ceux à qui elles en ont donné la commiffion pour examiner les raifons de part & d'autre, fans formalités, pour tâcher de convenir fur les principaux points de leurs différents. Ce moyen n'a guere lieu qu'après avoir eu recours à la force, c'eft-à-dire, lorfqu'on s'eft bien battu, & que les efprits ont été adoucis par les calamités de la guerre. Tels font les traités & les accommodemens qui fe font ordinairement après la guerre. Il feroit cependant plus raifonnable de tenter cette voie avant les voies de fait.

La *tranfaction* eft une convention entre deux ou plufieurs perfonnes, qui pour prévenir ou terminer une querelle, reglent leur différent de gré à gré, de la maniere dont ils conviennent, & que chacun d'eux préfere à l'efpérance de gagner, jointe au péril de perdre. Les tranfactions préviennent ou terminent les querelles en plufieurs manieres, felon la nature des différents, & des diverfes conventions qui y mettent fin. Ainfi, celui qui avoit quelque prétention, ou s'en défifte par une tranfaction, ou en obtient une partie, ou même le tout. De même, celui à qui on demande une fomme d'ar-

gent, ou paye, ou s'oblige, ou est dé-
chargé en tout ou en partie. Ainsi, celui
qui contestoit une garantie, une servi-
tude, ou quelque autre droit, ou s'y
assujettit, ou s'en affranchit; & on tran-
sige enfin aux conditions dont on veut
convenir, selon les regles générales des
conventions; & ces transactions ne reglent que les différents qui s'y trouvent
compris par l'intention des parties, soit
qu'elle se trouve expliquée par une expression générale, ou particuliere, ou
qu'elle soit connue par une suite nécessaire de ce qui est exprimé; & elles ne
s'étendent pas aux différents auxquels on
n'a point pensé.

Les transactions où l'un des contractans
a été engagé par le dol de l'autre, n'ont
aucun effet. Ainsi celui qui par une transaction abandonne un droit, qu'il n'a pu
soutenir, faute d'un titre retenu par sa
partie, rentreroit dans son droit, si cette
vérité venoit à paroître. Si celui qui avoit
un droit acquis par un testament qu'il
ignoroit, déroge à ce droit par une transaction avec l'héritier, cette transaction
sera aussi sans effet, lorsque le testament
viendra à paroître, quand même il auroit
été connu à l'héritier. En général, le dol
& l'erreur annullent toute transaction.

La *médiation* a lieu lorsque deux perfonnes, ou deux états fe font la guerre pour foutenir leurs prétentions réciproques, & qu'une autre perfonne, ou état neutre, offre fes bons offices pour ajufter les différents des parties qui menacent de recourir à la force, ou qui y ont eu déjà recours. Le rôle de médiateur eft, de tous les rôles, le plus beau aux yeux de l'homme humain & fage; il eft préférable, à l'éclat odieux que donnent des victoires, qui toujours fanguinaires, font des malheurs pour ceux mêmes qui les remportent & qui les achetent au prix du fang & du repos public.

Cette médiation femble avoir pour principe un motif fi louable, qu'il faudroit être bien fauvage pour rebuter fiérement ceux qui nous l'offrent, quand même on verroit qu'ils ont quelque relation particuliere avec l'ennemi. Car outre qu'il dépend de chacun d'accepter ou non les propofitions, ce font ordinairement des amis qui en ufent ainfi, pour ne pas être réduits à époufer la querelle de l'une ou de l'autre des parties. En effet, on a fouvent grand intérêt, que la guerre ne s'allume ou ne dure pas long-temps entre deux puiffances, foit parce qu'il en voleroit quelques étincelles dans notre pays, foit à caufe qu'il eſt dangereux pour nous que ces deux puiſſances, ou l'une des deux feulement, ſoient ruinées ou affoiblies. En ce cas-là, notre propre confervation demande que nous travaillions férieufement à étouffer de bonne heure le feu qui s'eſt pris chez nos voiſins. Et quand même on n'y auroit point d'intérêt particulier, le bien de la paix en général veut que chacun faſſe tout ce qui lui eſt poſſible pour mettre d'accord ceux qui ont enfemble quelque querelle.

Il faut que la médiation foit acceptée par les parties intéreſſées : il faut encore que le Médiateur ne foit point lui-même engagé dans la guerre que l'on veut terminer, qu'il ne favorife point une des puiſſances aux dépens de l'autre. En un mot, dans fes fonctions de Légiſlateur, il doit fe montrer équitable, impartial & ami de la paix.

La médiation peut s'exercer par pluſieurs perfonnes, ou puiſſances à la fois : bien entendu néanmoins qu'aucune d'elles ne fe trouve déjà engagée par quelque traité particulier, à fecourir l'une des parties, au cas que l'on en vienne aux mains : car une promeſſe ne fauroit être ni annullée, ni reſtreinte par une convention poſtérieure avec un tiers. Rien n'empêche non plus qu'après avoir bien examiné les prétentions respectives de part & d'autre, on ne dresse ensemble des articles de paix, selon ce qui paroît le plus juste & le plus raisonnable, pour le proposer aux parties qui sont en guerre, leur déclarant en même-temps que, si l'une d'elles refuse de faire la paix à ces conditions, on prendra le parti de l'autre, qui les aura acceptées. Par là on ne se rend nullement arbitre des deux parties malgré elles, & l'on ne s'attribue pas le droit de décider leur différent avec autorité ; ce qui seroit contraire à l'indépendance de l'état de nature. On ne leur fait pas non plus cette proposition d'une maniere à prétendre qu'elles soient absolument tenues d'y acquiescer ; car à la rigueur elles ne l'y sont pas. Mais comme, par le droit naturel, chacun peut joindre ses armes à celles d'un autre, à qui il croit qu'on fait du tort, sur-tout lorsqu'il craint qu'il ne lui en revienne du mal à lui-même ; on témoigne par-là manifestement un amour sincere de la paix & de l'équité, en ce que l'on souhaite d'accommoder les autres à des conditions raisonnables, & qu'on ne veut point prendre les armes contre ceux qui refusent notre médiation, avant que d'avoir tenté cette

voie de douceur, qui eſt d'autant plus
louable qu'elle peut aiſément prévenir ou
terminer des guerres ſanglantes.

On prend quelquefois la voie des *ar-*
bitres, qui ſont de deux ſortes. Car il y
en a, au jugement deſquels on doit ſe
ſoumettre, ſoit que la ſentence ſe trouve
juſte ou injuſte; & cela a lieu, lorſque
l'arbitrage eſt fondé ſur un compromis. Il
y a auſſi des arbitres dont le jugement n'a
de force qu'autant qu'il eſt conforme à ce
qu'un homme de bien & équitable doit
prononcer, auſſi eſt-il ſujet à être redreſſé
ſur ce pied-là.

Il faut remarquer ici, qu'à la vérité
dans une affaire litigieuſe, chacune des
deux parties doit chercher tous les moyens
poſſibles d'accommodement, afin d'éviter
la guerre; cependant celui qui demande,
y eſt plus obligé, que celui qui tient : la
cauſe du poſſeſſeur étant toujours favorable par le droit même de nature.

La raiſon qui oblige de s'en rapporter
à un arbitre, fait voir d'abord de quelle
manière il doit agir. On le prend, parce
que l'amour-propre rend chacun ſuſpect
en ſa propre cauſe. Il doit donc ſur toutes
choſes ne rien donner à la faveur, ni
à la haine, & prononcer uniquement
ſelon le droit & l'équité : après quoi il

peut fe moquer de l'injufte reffentiment de celui qui a été condamné. Il paroît donc qu'un homme ne peut pas raifonnablement être pris pour arbitre dans une affaire où il a lieu d'efpérer, en donnant gain de caufe à l'une des parties, quelque avantage ou quelque gloire, qui ne lui reviendroit pas, s'il prononçoit en faveur de l'autre; en un mot, toutes les fois qu'il y a quelqu'intérêt particulier que l'une ou l'autre partie demeure victorieufe. Car en ce cas-là, le moyen qu'il garde exactement cette neutralité parfaite, & cette fouveraine impartialité qui fait le véritable caractere d'un arbitre?

Il ne doit pas non plus y avoir entre l'arbitre & les parties quelque convention ou quelque promeffe, en vertu de laquelle il foit engagé à prononcer en faveur de l'un ou de l'autre des parties, foit qu'elle ait raifon ou tort. Et il ne peut prétendre d'autre récompenfe de fon jugement que celle d'avoir jugé comme il faut. C'eft l'éloge que Pline donne à Trajan, au fujet des caufes fur lefquelles cet Empereur prononçoit. *Nec aliud tibi fententia tua pretium, quàm bene judicâffe* (*). Au refte cela ne

____

(*) Panegyric. Cap. LXXX. n. 1.

regarde que la qualité de la fentence; car
du refte, fi l'arbitre eft obligé de faire
des frais, ou de prendre beaucoup de
peine & d'employer du temps à connoître
de l'affaire; comme il n'eft point obligé
à donner tout cela gratuitement, il peut
accepter ou exiger un dédommagement ou
un équivalent raifonnable.

On ne peut pas appeller du jugement
d'un arbitre, n'y ayant point de juge
fupérieur pour redreffer la fentence. Cela
a lieu même dans la fociété civile, lorfqu'il n'importe point au fouverain de
quelle maniere fe vuide l'affaire qui a été
remife à la décifion d'un arbitre, du commun confentement des parties. Que fi en
certains endroits il eft permis d'appeller
de la fentence d'un arbitre, c'eft en vertu
d'une loi particuliere & purement pofitive.
On donne même quelquefois le nom d'*arbitres* à des juges extraordinaires, commis
pour examiner & décider une affaire fans
toutes les formalités & les longueurs du
Barreau. Ainfi rien n'empêche qu'on appelle d'un jugement comme celui-là.
Dans tout autre cas, il faut paffer par la
fentence des arbitres, jufte ou non; car
autre chofe eft de dire comment un arbitre doit fe comporter dans fon jugement; & autre chofe de dire à quoi

font obligés l'un envers l'autre, ceux qui ont paſſé un compromis entre ſes mains.

Pour ſavoir en quoi conſiſte le devoir d'un arbitre, il faut conſidérer s'il a été choiſi & établi en qualité de juge, proprement ainſi nommé, ou ſi on lui a donné un pouvoir plus étendu, qui, ſelon Séneque, eſt en quelque façon eſſentiel à tout arbitrage. « Une bonne cauſe,
» dit-il, ſemble être en meilleures mains,
» lorſqu'on la renvoie à un juge, que
» quand elle eſt remiſe à la déciſion d'un
» arbitre. Car le juge eſt lié par les for-
» mules, qui lui preſcrivent certaines
» bornes, au-delà deſquelles il ne ſauroit
» aller. Au lieu que l'arbitre ayant pleine
» liberté de juger ſelon ſa conſcience,
» peut ajouter ou retrancher quelque
» choſe, & prononcer non ſelon les lois
» ou les regles rigoureuſes de la juſtice,
» mais ſuivant ce que lui dicte l'humanité
» ou la compaſſion (*). »

Au reſte il eſt clair, que dans un diffé-rent entre deux citoyens d'un même état, l'arbitre ne peut juger réguliérement que ſelon les lois civiles, auxquelles les parties

---

(*) *De Benef.* Lib. III. cap. III.

font foumifes l'une & l'autre. Mais lorfque les parties ne reconnoiffent point ici-
bas de tribunal commun, l'arbitre doit fe
régler fur les lois naturelles; à moins que
les parties n'ayent confenti elles-mêmes
de fe conformer aux lois pofitives de
quelque Etat.

Il n'eft pas toujours permis de remettre
à la décifion du *fort* l'iffue d'un différent;
on n'a plein pouvoir de prendre cette
voie, comme on le juge à propos, que
quand il s'agit de quelque chofe, fur quoi
on a un plein droit de propriété. Car
l'obligation où eft, par exemple, un Etat
de défendre la vie ou l'honneur des citoyens & autres chofes femblables;
comme auffi l'obligation où eft le Souverain pour maintenir le bien de l'Etat; ces
obligations, dis - je, font trop fortes,
pour que l'Etat ou le Souverain puiffe
renoncer à l'ufage des moyens les plus
naturels & les plus fûrs pour fa propre
confervation, & pour celle des autres.
Cependant fi, tout bien compté, celui
qui a été injuftement attaqué, fe trouve
fi foible, qu'il ne voie aucune efpérance
de pouvoir réfifter à l'ennemi; rien n'empêche qu'il n'offre de vuider le différent
par la voie du fort, pour éviter ainfi un
péril certain en s'expofant à un danger

incertain : car c'est alors le moindre des deux maux inévitables.

Il y a encore un moyen pour vuider les querelles entre ceux qui se trouvent dans l'indépendance naturelle ; ce sont les *combats singuliers*, dont l'usage ne semble pas devoir être absolument rejeté, lorsque deux personnes, dont le différent causeroit de grands maux à des peuples entiers, sont prêtes à vuider leur querelle par les armes. L'histoire nous en fournit des exemples, d'un contre un de part & d'autre, ou de deux contre deux, ou de trois contre trois, ou d'un certain nombre contre un nombre égal.

L'on demande si l'on peut, pour vuider une querelle, s'en remettre au succès d'un combat semblable à ceux dont nous venons de parler. Si j'envisage cette question du côté politique, je dois regarder ces combats comme des moyens fort téméraires de vuider les querelles ; car par un seul coup, qu'on doit souvent au hasard, on risque la liberté & le salut d'un Etat entier ; à moins que, tout bien considéré, on n'ait une plus grande espérance d'un bon succès de ce combat, que du côté de toutes les forces de l'Etat, qui pourroient être moindres & beaucoup plus foibles que celles de l'ennemi ; car alors on peut embrasser ce parti, comme le moindre des deux maux auxquels on est inévitablement exposé. Mais ce cas est fort rare; car la partie supérieure en force, étant presque sûre du succès de ses armes, ne voudra pas se rendre égale par un combat singulier.

Mais si j'envisage cette question du côté moral, je n'hésiterai point à me décider pour l'affirmative, pourvu qu'on en ait l'approbation de l'Etat. Car la vie d'une armée entiere est plus précieuse que celle d'un seul particulier, qui d'ailleurs est obligé par droit naturel de la sacrifier au bien de la société. Si donc un Etat, ayant considéré que le seul moyen d'obtenir sa liberté & son salut, est celui d'un combat singulier, ordonne de son pur mouvement, ou permet à un citoyen généreux qui s'offre, de prendre sa vengeance, au risque même de sa vie, il ne péchera pas contre la charité, en exposant à la mort un homme, pendant qu'il en sauve par-là un très-grand nombre : ni le citoyen ne péchera contre soi-même ni contre Dieu, parce qu'il expose sa vie par l'ordre ou l'approbation du Supérieur qui a le droit de l'y contraindre. Voyez sur cette Leçon Puffendorf.

CONCLUSION GÉNÉRALE.

I. L E détail où nous sommes entrés dans cette premiere partie de nos Leçons, sur les différens devoirs de l'homme envers Dieu, envers soi-même, envers ses semblables, devoirs que nous avons développés par les simples lumieres de la raison; leur parfaite conformité avec ce que Dieu a daigné nous apprendre par le moyen de la révélation; conformité que nous avons tâché d'indiquer dans toutes les occasions qui se sont présentées : tout cela, dis-je, en nous faisant sentir la justesse de l'expression du judicieux Sophocle dàns son Œdipe, que « les lois naturelles sont descendues du » Ciel, que Dieu en est le seul pere, » que ce n'est pas la race mortelle des » hommes qui les a engendrées »; nous fournit le plus grand argument, & un argument décisif en faveur de la divinité de la révélation & de son Auteur. Car s'il est vrai que les lois naturelles ont Dieu pour auteur, toute doctrine qui s'y conforme doit couler de la même source. Celui donc qui enseigne la même doctrine, qui nous exhorte à l'embraffer, à la fuivre ; qui par fon exemple nous montre même le chemin de la perfectionner & de la rendre encore plus fublime ; celui-là, dis-je, fera un vrai miniftre de Dieu, un homme choifi, un homme felon le cœur de Dieu, & par conféquent incapable de mentir, de tromper, de féduire. Or fi un tel homme nous répete fans ceffe qu'il eft envoyé de Dieu, & fon Fils même : perfuadés d'ailleurs de la fainteté de fa doctrine, de fes mœurs irréprochables, nous ne faurions nous refufer à le reconnoître pour le *Chrift de l'Eternel & le Fils de Dieu vivant :* & qu'il ne nous a appris que ce que fon *Pere éternel lui a enfeigné,* & qu'il nous *a enfeigné la voie de Dieu en vérité.* De quel encouragement ne fera-t-elle pas cette parfaite conformité de la loi naturelle avec l'Evangile, & la démonftration qu'on en tire de la divinité de ce dernier ! Il eft en effet bien confolant pour un Chrétien que la loi qu'il fent gravée dans fon cœur, eft la même que celle que Dieu a daigné lui révéler par la miffion de fon propre fils, pour fuppléer par-là aux égaremens d'une raifon corrompue, ou étouffée par une mauvaife éducation ; & que les récompenfes de la vie future, que la raison lui faisoit entrevoir, se trouvent si bien contractées, si clairement confirmées par la révélation! Peut-on imaginer des motifs plus puissans pour porter un être raisonnable à se conduire constamment suivant les lumieres de la saine raison, éclairée par celles de la révélation, à méditer sans cesse ses maximes, & à montrer le plus sincere attachement pour elles dans toutes les actions de la vie?

II. Le même développement des devoirs de l'humanité nous fait encore admirer la simplicité de la Législation divine. Par le même acte qu'il *créa l'homme pour la société*, Dieu lui donna la Législation la plus sublime, la plus étendue. Car l'homme en tant que *créature de Dieu*, reconnoît aisément tous ses devoirs d'amour, de respect & de crainte envers son Créateur; & devant par-là à son Créateur son essence & son existence, il reconnoît qu'il n'en est pas le maître; mais qu'il les a reçues comme un dépôt, dont il est responsable. Enfin, créé *pour la société*, & devant vivre avec ses semblables qui lui sont parfaitement égaux, il en sent toutes les suites, & parcourt sans peine toutes les obligations dont il est chargé à leur égard. Et à moins que sa raison ne soit entiérement étouffée par les passions ou par manque d'éducation, ces principes si simples le rendront vertueux, & par conséquent heureux.

Ajoutons encore que cette admirable législation n'étant pas écrite, mais gravée dans le cœur de l'homme, étant le résultat de sa nature, de son origine, de sa destination, est la seule capable de rendre l'homme vertueux ; car il en porte le code toujours avec lui ; & il n'est pas possible de l'ensevelir dans l'oubli : elle est toujours présente, elle pese les actions avant & après leur exécution ; elle nous avertit sans cesse & sans jamais y manquer, & souvent même malgré nous, de leur honnêteté ou de leur turpitude ; tandis que les Magistrats même les plus laborieux, ignorent la plupart des lois de leur propre pays, étant à tout moment obligés d'en consulter les volumes. Lycurgue, ce grand Législateur, a été le seul qui connût cette vérité ; aussi défendit-il expressément de coucher ses lois par écrit. Il voulut les imprimer dans l'esprit & dans le cœur de ses concitoyens par la pratique & par l'usage ; « persuadé, dit Plutarque, que ce » qu'il y a de plus fort & de plus efficace » pour rendre les villes heureuses & les » peuples vertueux, c'est ce qui est em- » preint dans les mœurs & dans l'esprit

» des citoyens (a). » Et il y réuſſit. En effet, le gouvernement de Lacédémone, où l'autorité étoit partagée en cinq corps différens, deux Rois, un Sénat, cinq Ephores & l'Aſſemblée du Peuple, étoit une eſpece de paradoxe politique. Il ſembleroit que l'oppoſition de toutes ces différentes puiſſances, qui ſe traverſoient réciproquement, auroit dû être une ſource perpétuelle de troubles & de diſſentions inteſtines. Cependant on ne trouve dans l'Hiſtoire aucun Etat qui ait été moins agité que Sparte : & Polybe dit, que de tous les peuples connus, il n'y en avoit point qui eût conſervé plus long-temps ſa liberté (b). Ce ne fut certainement pas l'effet d'un gouvernement auſſi défectueux dans ſa conſtitution que l'étoit celui de Lacédémone. On n'en peut donc attribuer la cauſe qu'aux mœurs des Spartiates, & par conféquent à la légiſlation de Lycurgue, qui approchoit de fort près de la légiſlation naturelle. Tant qu'elle fut exactement obſervée, l'intérêt de l'Etat prévalut ſur des conſidérations particulieres, & Sparte fit trembler ſes voiſins. Elle périt dès qu'elle s'en écarta.

____

(a) *Vita Lycurgi.*
(b) Lib. VI. cap. VI.

Après ces confidérations, quel jugement porterons-nous de cet amas énorme
de volumes de lois, de gloſes & de commentaires dont le droit civil eſt compoſé,
amas propre plutôt à inviter les Magiſtrats à demeurer dans l'ignorance, qu'à
former les mœurs d'une nation, & à la
rendre vertueuſe ?

Il eſt certain que pour mener les hommes à la vertu, il faut les y former de
bonne heure : l'âge de l'éducation eſt le
ſeul propre pour y parvenir. A cet âge
on commence à former les habitudes d'un
jeune homme, on lui développe le germe
de la raiſon, qu'on promene des principes du juſte & de l'honnête aux conſéquences les plus ſimples, afin que dans la
ſuite, la raiſon plus exercée, puiſſe en
faire l'application aux conſéquences plus
compoſées & plus éloignées ; & ces maximes connues, ces applications faites ſyſ-
tématiquement dans le bas âge, ſont in-
effaçables de l'eſprit de l'homme. Elles
ſont ſon guide toute ſa vie.

Mais il eſt impoſſible d'en faire autant
pour les lois civiles. D'abord elles ſont
ſi peu cohérentes entr'elles, qu'elles ſem-
blent être plutôt l'ouvrage du pur haſard,
que d'une raiſon éclairée. Guidés par des
vues & des intérêts différens, ceux qui

les font, s'embarraffent peu du rapport de
ces lois entr'elles. Il en eft de la formation de ce corps entier des lois comme
de la formation de certaines îles : des
payfans veulent vuider leurs champs des
bois, des pierres, des herbes & des li-
mons inutiles : pour cet effet, ils les jettent
dans un fleuve, où je vois ces matériaux,
charriés par les courans, s'amonceler au-
tour de quelques rofeaux, s'y confolider,
& former enfin une terre ferme.

C'eft cependant à l'uniformité des vues
du Légiflateur, à la dépendance des lois
entr'elles, que tient leur excellence ; &
c'eft de cette excellence qu'on doit en at-
tendre tout le fuccès : fi elle manque, les
lois font inutiles, & elles ne fervent tout
au plus qu'à faire fentir qu'il y a un pouvoir légiflatif dans l'Etat. Mais pour établir cette dépendance, & obtenir cette
excellence de la légiflation, il faut pouvoir les rapporter toutes à un principe
fimple, tel que celui de l'utilité publique,
c'eft-à-dire, du plus grand nombre des
hommes-foumis à la même forme de gouvernement : principe dont perfonne ne
connoît toute l'étendue ni la fécondité ;
principe qui renferme toute la morale &
la légiflation, que beaucoup de monde
répetent fans l'entendre, & dont les Lé-

giſlateurs mêmes n'ont encore qu'une
idée ſuperficielle, du moins ſi l'on en juge
par le malheur de preſque tous les peuples de la terre.

Outre l'incohérence des lois civiles entr'elles, leur multiplicité eſt un obſtacle
encore plus fort que le premier à leur dépendance, & par conſéquent à leur excellence. Car la multiplicité des lois ré-
pugne à leur perfection. Tacite l'a dit
avant moi; la multitude des lois dans un
Gouvernement eſt une preuve de ſa corruption. En effet, pourquoi de nouvelles
lois, ſi les premieres arrêtoient l'injuſtice? Pourquoi les troiſiemes, ſi les ſecondes y ſuffiſoient ? De deux choſes
l'une : ou la cupidité eſt parvenue à ne
plus connoître de frein, ou le frein eſt
mal forgé, les lois mal faites. On en fait
d'autres; & il eſt difficile alors qu'un nombre infini de lois, ſur-tout de déciſions
hypothétiques, n'offrent des prétextes &
des eſpérances à un eſprit avide & prévenu par ſon intérêt : de ſorte que les
lois ſans nombre prouvent la corruption
& la ſervent.

Ajoutons enfin, que les lois naturelles,
en nous faiſant connoître nos devoirs,
nous perſuadent de leur juſtice, de leur
honnêteté, de leur rapport avec notre

bonheur; & cela d'une maniere à n'en pouvoir point douter. C'est au contraire un très-grand défaut d'une loi civile lorsqu'elle raisonne; car c'est dans ce raisonnement de la loi, que l'on croit souvent trouver les moyens d'établir un intérêt dont on est préoccupé; c'est dans ce raisonnement que les esprits subtils cherchent des détours pour éluder le véritable sens de la loi: enfin c'est ce raisonnement qui a fourni ce nombre immense de commentaires, qui, au lieu d'éclaircir, augmentent la confusion. Ce raisonnement est indigne, dit-on, de la majesté de la loi. *Nihil mihi videtur frigidius,* disoit Séneque, *quàm lex cum prologo: JUBEAT LEX, NON SUADEAT.* Cependant un être raisonnable sera porté bien plus efficacement à l'observation des lois, lorsqu'il en connoît le rapport avec ces puissans motifs qui le déterminent à s'y conformer. Or les lois naturelles nous le font voir dans tout l'éclat de l'évidence, tandis qu'il est de l'intérêt des lois civiles de nous le cacher: *Jubeat lex, non suadeat.*

Si donc les lois civiles sont incohérentes entr'elles & n'approchent nullement du système; si le nombre en est exorbitant; si elles ne persuadent point: comment veut-on prétendre de les graver dans le cœur des hommes, de les y arranger avec le même ordre, la même facilité qu'on y grave les lois naturelles ; de les porter par-là à reconnoître l'intérêt qui doit les déterminer à s'y conformer, & à parvenir par ce moyen à former les mœurs d'une nation & à la rendre vertueuse ?. Aussi y a-t-il long-temps que le droit civil a renoncé à cette prétention ; car tout Législateur reconnoît qu'avec ses Codes, il ne fera que des fourbes, qui ne se conformeront à ses arrêts, qu'autant qu'ils pourront craindre que la puissance coactive ne soit prête à fondre sur eux ; & feront usage de toute la ruse humaine pour s'en écarter impunément. Pour parvenir à ce but, il faudroit que les lois civiles pussent régler l'intérieur de l'homme ; mais comme elles ne sauroient, dit-on, y pénétrer, elles ne sont pas en droit de se mêler de ce qui s'y passe. Voilà un raisonnement fondé sur une de ces maximes gothiques que l'usage a consacré, sans que personne ose les approfondir.

Le Droit civil ne peut pas régler l'intérieur de l'homme ; ses lois ne sauroient y pénétrer ; elles ne sont pas en droit de se mêler de ce qui s'y passe. Mais d'abord, ces mêmes lois civiles n'en ordonnentelles pas l'obfervation? Or dès que les hommes doivent les obferver, il faut néceffairement que la volonté s'y détermine; ainfi ces mêmes lois ont droit de régler les déterminations de la volonté, & par conféquent l'intérieur de l'homme. Mais l'homme ne s'y foumet que malgré lui, & par crainte: foit; il s'y foumet cependant, il fe détermine à la fin à conformer fa volonté à celle du Légiflateur: celui-ci regle donc l'intérieur de l'homme, bon gré mal gré qu'il en ait, & tout ce que l'on pourroit conclure de-là, ce feroit qu'il y a des hommes dont le cœur fe moule par la raifon fur la volonté du Souverain; & d'autres que la feule crainte fléchit. Mais les lois naturelles, dont tout le monde reconnoît l'empire fur le cœur humain, ne font-elles pas fujettes au même fort? D'ailleurs, pour qu'une loi civile foit fage, je dirai encore plus, pour qu'elle nous oblige, elle doit être une application ou un commentaire, fuivant les circonftances d'une nation, des lois naturelles. Jamais Souverain, tant foit peu raifonnable, n'a ofé s'attribuer ouvertement le pouvoir de faire des lois uniquement à fa fantaifie, & fans avoir égard aux principes naturels du jufte & de l'injufte; le terme de *faire* les lois, eft une

façon

façon de parler fort impropre; car on ne doit point entendre par cette expreſſion le droit & le pouvoir d'imaginer, d'inventer & d'inſtituer des lois poſitives qui ne ſoient pas déjà faites, c'eſt-à-dire, qui ne ſoient pas des conſéquences & des commentaires des lois naturelles. Or ſi les lois naturelles reglent l'intérieur de l'homme; ſi elles ont le droit de ſe mêler de ce qui s'y paſſe, pourquoi le refuſerons-nous à leurs applications, à leurs conſéquences, à leurs commentaires?

Mais il y auroit encore un autre moyen de revendiquer ce droit aux lois civiles, & de leur donner cette efficace de rendre les hommes vertueux, que perſonne ne s'eſt aviſé de refuſer aux lois naturelles. Ce ſeroit de leur oppoſer le ſceau de ces dernieres, pour m'exprimer ainſi. C'eſt-à-dire, il faudroit 1°. que le Légiſlateur obligeât tous ſes ſujets ſans exception, à s'inſtruire dans le droit naturel. Je voudrois même qu'on préférât cette inſtruction à celle de la Religion; car outre que le droit naturel embraſſe auſſi les devoirs religieux, & les développe méthodiquement, il s'étend beaucoup ſur les devoirs de la ſociabilité; ce que les inſtructions ordinaires de religion ne font pas. D'ailleurs le raiſonnement étant une nourriture beaucoup plus conforme à la nature d'un être raisonnable, que la simple voix d'un Catéchiste, les devoirs de l'homme développés par la raison auront bien plus de prise sur lui que la lecture d'un catéchisme. Le Législateur devroit se montrer inflexible contre l'inobservation des lois naturelles, le plus ferme appui du bonheur de l'Etat : il devroit les rendre inviolables par cette sanction, qui porte ordinairement la plupart des hommes à l'observation des lois civiles : c'est l'observation des lois naturelles qui doit faire la premiere loi de l'Etat.

2°. Mais comme les différentes circonstances physiques & morales rendent l'application des lois naturelles à certains cas fort compliquée, ce que la plupart des hommes ne sauroient jamais faire ; le Législateur est obligé de faire des lois civiles, au moyen desquelles il montre cette application. Or c'est-là l'écueil où la plupart des Législations humaines ont échoué : parce qu'ayant perdu de vue les lois naturelles, qu'elles ne devoient que commenter, elles ont prétendu donner des regles de conduite aux hommes, tirées de leur propre fonds, sans s'appercevoir que l'homme n'est susceptible d'autre regle que de celle qui est fondée sur

fa propre nature, & qui le mene clairement & directement à fon bonheur. Le
Légiflateur fenfé doit donc rapprocher fes
lois autant qu'il eft poffible, des principes des lois naturelles, & les propofer
comme des conféquences évidentes de
leurs décifions toujours infaillibles. *Repe-
tam ftirpem juris à natura* (a), difoit fagement Cicéron. C'eft là la vraie fource
de la Légiflation; car il ajoute, *non à
Prætoris edicto, ut plerique nunc, neque à
XII. Tabulis, ut Superiores, fed penitus ex
intima philofophia haurienda juris difcipli-
na* (b). C'eft en effet le véritable but de
la Philofophie, but qui nous a été montré
déjà depuis bien long-temps par le divin
Socrate; mais que les hommes ont malheu-
reufement prefque toujours perdu de vue.
*Socrates autem primus philofophiam devo-
cavit è cœlo, & in urbibus collocavit, & in
domos etiam introduxit, & coegit de vita &
moribus, rebufque bonis & malis quærere* (c).
Par ce moyen les hommes, inftruits des
principes des lois naturelles, & pénétrés
de leur fainteté, reconnoîtront aifément
cette même qualité dans les lois civiles, &

(a) *De Leg.* Lib. I.
(b) Ibid.
(c) Tufcul. V.

ils feront portés à les obferver par raifon plutôt que par crainte, & la légiflation humaine pourra fe flatter d'avoir autant d'empire fur le cœur de l'homme, que les lois naturelles y en ont.

En effet, quel empire n'ont-elles pas fur le cœur de l'homme ces lois civiles, qui ou découlent clairement des lois naturelles, ou qui font des lois naturelles elles-mêmes ; telles que celles qui défendent le vol, le meurtre, ou qui ordonnent la réparation du dommage ? Au contraire quelle indifférence ne fent-on pas pour ces lois qui, ou ne découlent pas clairement des décifions du Droit Naturel, ou même s'en éloignent, comme la loi de l'Oftracifme, la peine de mort que Dracon avoit décernée pour les moindres fautes ; celle des Romains qui condamne au dernier fupplice tous les efclaves qui fe font trouvés fous le même toit avec un maître, dans le temps que celui-ci a été affaffiné, quand même on n'avoit aucune preuve qu'ils fuffent complices du meurtre, &c. ? Si on veut fléchir le cœur de l'homme, il faut le prendre par le cœur ; & le feul moyen c'eft d'étudier fa nature & de s'y conformer.

3°. Il ne fuffit pas de mettre de la liaifon entre les lois civiles & les lois naturelles, mais il faut encore que la légiflation humaine, imitant la légiflation divine naturelle, porte des lois courtes, précifes, bien méditées, liées entr'elles, & fur-tout si bien dictées, qu'elles n'en ayent pas befoin d'autres pour les interpréter. Les lois de Moïfe, celles de Dracon, de Lycurgue, de Romulus, de Numa, celles des XII Tables peuvent fervir de modele; mais il faut fur-tout veiller à leur exécution. On s'accoutume à méprifer les lois dès qu'on s'apperçoit qu'on peut les tranfgresser impunément.

4°. Mais si le Légiflateur veut obtenir son grand but dans les lois qu'il porte, s'il fouhaite que fes lois ayent quelqu'empire fur le cœur de fes fujets, il doit prendre garde de ne pas les multiplier fans nécessité : il doit même regarder cette nécessité comme un vrai malheur ; car toute nouvelle loi civile est un nouveau pas que la nation fait à la corruption. Nous avons vu que les lois naturelles fuffifent à l'homme pour qu'il s'acquitte de fes devoirs, pour être vertueux & pour obtenir fon bonheur. La moindre connoissance qu'il ait des lois naturelles, est fuffifante pour lui faire fentir cette vérité. Que si le Légiflateur a donné encore plus de force à ces lois par une sanction civile ; la raison & la crainte, les plus puissans motifs des déterminations humaines, doivent porter sûrement l'homme à vivre conformément à ces lois. Mais si ces digues ne suffisent pas pour arrêter l'impétuosité des passions, comment pourroit-on se flatter de s'y opposer par une digue bien plus foible, telle que la législation civile, qui, la crainte temporelle exceptée, n'a d'autre force que celle que les lois naturelles lui donnent ? Ces nouvelles lois civiles, font-elles conformes aux lois naturelles, ou ne le font-elles pas ? Si elles font conformes aux lois naturelles, quel besoin a-t-on de les faire ? Suppose-t-on que les hommes ne sentent pas la nécessité de les observer ? Il faudroit méconnoître entiérement la nature humaine. Pourquoi donc ne punit-on pas sévérement les transgressions des lois naturelles & des conséquences qui en découlent distinctement, plutôt que de faire de nouvelles lois civiles, qui ordinairement cachent la vraie source des lois ? Ne vaudroit-il donc pas mieux soutenir la premiere digue, qui est celle des lois naturelles, la réparer soigneusement dans les endroits où elle peut souffrir, & par une surveillance scrupuleuse, la rendre inébranlable, & la mettre à l'abri de toute infraction? Ajoutons encore que la surveillance à l'exécution des lois en sera très-facile; tandis que dans un Corps politique d'une législation immense, la surveillance à l'observation est impossible; car ceux mêmes à qui on en confie le soin, en ignorent la plus grande partie. Rome a été vertueuse pendant que l'équité naturelle, ou les lois des XII Tables qui n'en étoient qu'un Commentaire, firent sa législation. L'institution du Préteur, la multiplicité des Jurisconsultes en précipiterent la corruption. Ce qui étoit dans l'ordre des choses; car à force de multiplier les Edits du Préteur & les réponses des Jurisconsultes, les uns contraires aux autres, on devoit naturellement étouffer dans le cœur des Romains la simple lumiere des lois naturelles; l'ignorance alors pour les uns, l'espérance de l'impunité que les autres entrevoyoient dans le conflit des lois, plongea généralement toute la nation dans le désordre.

Que si enfin les nouvelles lois civiles ne sont pas conformes aux lois na-

turelles, quel effet veut-on en efpérer?
Les ignorans les craindront quelques fe-
maines, c'eft-à-dire, jufqu'à ce que les
Magiftrats eux-mêmes les oublient; les
gens éclairés déploreront avec raifon
l'aveuglement de la puiffance légiflative.

*Fin de la feconde Partie du Tome
premier.*

TABLE
DES LEÇONS
DE DROIT DE LA NATURE,

Contenues dans ce premier Volume.

PREMIERE PARTIE.

SECONDE PARTIE

DU DROIT DE LA NATURE.

Fin de la Table.